AF310456

PAR

HUGUES VAGANAY

DEUX MILLE ADVERBES

EN -*MENT*

DE RABELAIS A MONTAIGNE

Extrait de la *Revue des Études rabelaisiennes*,
tomes I et II.

PARIS

1904

DE RABELAIS A MONTAIGNE

Au seuil de cette liste, prélude d'un vocabulaire du
xvie siècle, il sied de placer cette phrase de Montaigne, qui
en précise et justifie la disposition : « I'escris mon liure
à peu d'hommes..... Selon la variation continuelle, qui a
suiuy le nostre [langage] iusques à cette heure, qui peut
esperer que sa forme presente soit en vsage, d'icy à cinquante ans? Il escoule tous les iours de nos mains : et
depuis que ie vis, s'est alteré de moitié [1]. » L'auteur des
Essais semble avoir mis quelque coquetterie à réagir
contre ces variations de langage, et il eût volontiers signé
ces vers de Du Bartas traduisant Horace :

> Il en est tout ainsi que des fueilles d'un bois :
> L'une chet, l'autre naist. Les mots qui d'autre fois
> Brilloyent par ci par là dans l'oraison diserte,
> Comme des fleurs de Lis dans la campaigne verte,
> Ne sont plus ore en vogue : ains, bannis de la Cour,
> Honteux font sous les toicts d'un bas hameau sejour :
> Et ceux que du vieux temps la chagrine censure
> Avoit mis au billon, sont de mise à ceste heure [2].

Rabelais, que Montaigne range parmi « les livres simplement plaisans », lui a fourni plusieurs mots bien
frappés, et nous retrouvons dans les *Essais* près de la
moitié des expressions adverbiales en -*ment* qu'avait

1. *Essais*, III, 9 [t. IV, p. 94, éd. Courbet-Royer].
2. Babilone, ii jour de la ii Sepmaine, 471-8.

employées Rabelais. Ce dernier, il est vrai, avait largement usé de cette partie du vocabulaire que venait d'enrichir Le Maire de Belges, et, non content de l'appoint de ses prédécesseurs, il y joignit près de quatre-vingts nouveaux adverbes, dont quelques-uns sont restés en usage. Mais Montaigne n'eut cure de ces nouveautés, et, si luimême contribua sur ce point spécial à enrichir la langue, il sut écarter de son vocabulaire et les adverbes créés par Rabelais et ceux créés par Du Bartas : il faut reconnaître cependant que la langue des *Essais* se ressent de la lecture que fit Montaigne des trois *Notaires* de Jean Papon, publiés à Lyon en 1568, 1575 et 1578.

Le but du présent travail est donc de montrer quel usage Rabelais fit des adverbes en *-ment,* de comparer son œuvre à celle de ses contemporains et de poursuivre jusqu'à la fin du xvie siècle, soit jusqu'à Montaigne, l'étude de ces expressions. Il est malaisé de rendre de pareilles recherches impersonnelles, aussi les résultats ne sont-ils pas d'une absolue précision et ne valent-ils qu'en tenant compte des éditions citées : des textes différents et un plus grand nombre d'écrivains consultés les modifieraient sensiblement, encore que les dépouillements aient été effectués d'une façon complète. On se rendra ainsi compte que Rabelais, ou ses éditeurs, n'a pas employé moins de trois cent cinquante adverbes en *-ment* et que les trois premiers livres de l'*Amadis de Gaule,* publiés de 1540 à 1542, en contiennent trois cent cinquante-neuf. Marot se contenta de cent quatre-vingt-dix, mais Le Caron en accumula deux cent vingt dans le petit volume intitulé : *La Claire.*

Des deux mille formes adverbiales consignées dans ces pages, près de huit cents sont postérieures à 1550 et n'ont pu être employées par Rabelais : elles sont indiquées en caractères *italiques.* Près de neuf cents sont encore en usage, et, pour une centaine d'entre elles, la présente liste fournit un exemple plus ancien que ceux cités dans le *Dictionnaire général de la langue française,* ou par

M. Delboulle, dans la *Revue d'Histoire littéraire de la France :* elles sont distinguées par de PETITES CAPITALES. Les adverbes qui se trouvent dans l'édition de Rabelais consultée sont en **égyptienne,** et en romain ceux qui existaient à son époque, mais qu'il n'a point employés. Il eût été présomptueux de vouloir faire mieux que les excellents travaux lexicographiques antérieurs aux présentes recherches : ils ont été soigneusement consultés et les dates d'emploi qu'ils ont fournies sont placées entre [ ]. Le dictionnaire de Cotgrave a été soigneusement dépouillé, parce que la plupart des vocables qu'il renferme sont antérieurs à 1600. Mais on n'a point cité les exemples donnés par Littré, parce qu'il a paru plus intéressant de donner les fruits de recherches personnelles. Quelques adverbes — dus principalement à Du Bartas et à Montaigne — n'ont pu être retrouvés dans les éditions consultées, et, pour l'usage de Ronsard, je me permets de renvoyer au Vocabulaire de cet auteur, qui est en préparation.

D'intéressantes remarques pourront être faites sur les modes de formation de ces adverbes ; pour les faciliter, on n'a pas craint de citer les multiples formes graphiques sous lesquelles on les peut rencontrer, et il convient de mentionner que la terminaison en *-ant,* favorite chez Peletier, est d'un usage courant dans les manuscrits de Montaigne [1].

Les adverbes en *-ment* sont si conformes au génie de notre langue qu'il s'en crée toujours, et plusieurs semblent avoir été inspirés par ceux qui remontent au xvie siècle, à preuve *céruléennement,* employé par M. José Hennebicq [2], et *vipéreusement,* créé (?) par M. Maurice Rollinat [3] ; on y peut joindre *dimanchement,* dû à M. Francis Jammes, et *séminalement,* emprunté par M. Terrien à la terminologie théologique. Le classique xviie siècle n'avait point non plus dédaigné ces vocables et, sur le titre d'un ouvrage

1. *Essais,* éd. Courbet-Royer ; t. IV : Lettres.
2. *Le Verbe auroral.* Malines, Godennes, 1893.
3. *Le Mois littéraire,* VI (1901), 692.

cité par Brunet[1], nous relevons *anomalement* et *rechineu-
sement*.

Abandonneement. — 1538. R. Estienne, 421.

Abandonnément [xiie s.]. — 1549. J. de Tournes, dans Le
  Maire, IV, 8.

Abbandonneement. — 1538. R. Estienne, 364.

Abbregément. — 1611. Cotgrave.

Abjectement [1600]. — 1588. Vigenere. Le Psaultier, 267^b.

Abondamment [xiie s.]. — Le Maire, I, 172. — Marot, II, 44.
  — 1540. Amadis, I, 116^b. — Montaigne, II, 151.

Abruptement [1531]. — 1549. J. Du Bellay, Deffence, 142. —
  Ronsard.

Absoluement. — 1527. Sénèque, o iiii. — Amyot, II, 383. —
  Montaigne, II, 4.

Absolument [xiiie s.]. — Rabelais, II, 9, 111. — Amyot, II. —
  I. Papon, Troisieme Notaire, 56, éd. 1583.

Abstractement [1579].

Abstractivement [1597]. — Le Maire, IV, 67.

Absurdement [1549]. — 1577. Bolsec, 107.

Abusivement [1524]. — I. Papon, Second Notaire, 100, éd. 1580.

Accessoirement [1326]. — I. Papon, Premier Notaire, 76. —
  Montaigne, IV, 197.

Accidemment. — I, Papon, Premier Notaire, 47.

Accidentalement. — I. Papon, Premier Notaire, 61. — Montaigne, IV, 127.

Accidentallement. — (?) 1510. Dans Montaiglon-Rothschild, X,
  186. — 1611. Cotgrave.

Accidentelement [xve s.]. — 1585. Thévenin, dans du Bartas, 44.

Accommodeement. — Amyot, II, 665^b.

Accordement [xiie s.]. — 1554. Le Caron, 68^b.

Accortement [xvie s.]. — I. Papon, Troisieme Notaire, 10,
  éd. 1583. — 1585. Du Bartas, 148. — 1586. Lambert, 287.

Acortement. — 1589. Du Bartas, 277.

Activemant. — 1554. Peletier, Aritmetique, 66.

Activement [xive s.]. — Le Maire, IV, 79.

Actuellement [1372]. — 1527. Sénèque, m v^b. — Amyot, II. —
  Somme des pechez, 551, éd. 1595. — I. Papon, Second
  Notaire, 48.

1. *Manuel du Libraire*, I, 568.

Adjectivement [xve s.].

Admirablement [xve s.]. — Rabelais, II, 414 (éd. Janet).
— 1554. Le Caron, 2.

Adoptivement. — 1554. Le Caron, 9b.

Adroitement [xiie s.].

Advantagement. — Rabelais, II, 504 (éd. Janet).

Advantaigeusement [xve s.]. — 1541. Amadis, II, 87b.

Aduenamment. — 1611. Cotgrave.

Adventureusement = Aventureusement.

Adverbialement [xve s.].

Adviseement. — 1538. R. Estienne, 534.

Affablement [xvie s. G. Haudent].

Affaireusement. — Montaigne, IV, 48.

Affectement. — 1545. Pelletier, dans Du Verdier, IV, 297.

Affectionnement [xvie s. Heptaméron]. — 20 mars 1541. Pelis-
sier, dans Rabelais, III, 386. — Heptaméron, I, 338. — Pontus de Tyard, 3. — 1574. Belle-Forest.

Affectueusement [1290]. — Le Maire, III, 279. — 1541. Amadis,
II, 28. — Amyot, I. — Montaigne, IV, 114.

Affettement. — Brantôme, IX, 321.

Affirmativement [xive s.].

Affreusement [1539]. — 1538. R. Estienne, 713.

Afluemment. — 1554. Le Caron, 148b.

Agilement. Agillement. — Rabelais, II, 153 ; I, 598 (éd. Janet).

Agreablement [1346]. — 1549. Aneau, Emblemes d'Alciat, 4. —
Pontus de Tyard, 179.

Agrestement. — (?) 1510. Dans Montaiglon-Rothschild, X, 185.

Aguement. — 1538. R. Estienne, 539.

Aigrement [xiie s.]. — Rabelais, I, 65. — Le Maire, I, 158 ;
IV, 113. — 1541. Amadis, II, 67b. — Amyot, II. — Montaigne, II, 103.

Aigument. — 1611. Cotgrave.

Aiséement. — 1538. R. Estienne, 415. — Amyot, II. — Montaigne, III, 102. — 1588. Vigenere. Le Psaultier, x x vb.

Aisément. — Rabelais, I, 352. — Montaigne, I, 111.

Aizement. — Rabelais, II, 440.

Alaigrement. — Rabelais, II, 501. — Amyot, II. — Montaigne, III, 279.

Aliqualement. — 1611. Cotgrave.

Allegoricquement. — Rabelais, II, 92, 490.

Allegrement [xiiie s.]. — 1544. B. des Périers, 122. — Montaigne, I, 328.

Almement. — Du Bartas, dans Pellissier, 152.

Alterément. — Pontus de Tyard, 118.

Alternatifvement. — Rabelais, I, 604 (éd. Janet).

Alternativement [xive s.]. — Rabelais, II, 243. — Le Maire, III, 110. — 1562. Du Pinet, Pline, I, 40. — Amyot, II. — Montaigne, II, 338.

Ambicieusement = Ambitieusement. — 1586. Lambert, Nn vijb.

Ambiguement [1557]. — 1538. R. Estienne, 537.

Ambitieusement [xive s.]. — Rabelais, I, 117. — I. Papon, Second Notaire, 305, éd. 1580. — Montaigne, IV, 55.

Amerement [xe s.]. — Rabelais, II, 158. — Le Maire, I, 324. — Marot, II, 78.

Amiablement [xiie s.]. — Rabelais, I, 113. — Le Maire, II, 142. — Amyot, II, 482.

Amoureusement [xiiie s.]. — Rabelais, II, 459. — Le Maire, I, 195. — Marot, II, 18. — 1553. Ronsard. — Montaigne, I, 282.

Amplement [xiie s.]. — Rabelais, I, 31. — Le Maire, I, 38. — Marot, II, 76. — Amyot, II.

Amyablement = Amiablement. — Marot, I, 236. — 1527. Sénèque, e v. — 1552. Amadis, X, 3.

Anciennement [xiie s.]. — Rabelais, II, 55. — Le Maire, I, 281. — Amyot, I. — Montaigne, I, 171.

Angelicquement [xve s.]. — Rabelais, II, 442.

Anglicquement. — Rabelais, I, 272.

Angoisseusement. — Iodelle.

Animeusement. — 1611. Cotgrave.

Annuellement [xiiie s.]. — Rabelais, I, 200. — I. Papon, Premier Notaire, 80.

Antantivemant = Ententivement. — 1554. Peletier, Aritmetique, 37.

Anterieurement [1611. Cotgrave].

Anticquement = Antiquement. — Rabelais, II, 58 (éd. Janet).

Antieremant = Entierement. — 1554. Peletier, Algebre, 172.

Antiquement. — Rabelais, II, 293. — Ronsard.

Aotrement = Autrement. — I. Papon, Troisieme Notaire, 23, éd. 1583.

Apertement [xiiie s.]. — Rabelais, I, 209. — Le Maire, I, 305.

— Montaigne, I, 38. — I. Papon, Second Notaire, 377, éd. 1580.

Apostoliquement [xviᵉ s. Pasquier].

Apparemment [xiiiᵉ s.]. — 1572, Belleforest, dans Du Verdier, IV, 196. — I. Papon, Second Notaire, 179. — Montaigne, III, 127.

Apparentement. — Le Maire, IV, 32. — M. de Saint-Gelays, III, 76.

Appertement = Apertement. — Rabelais, I, 290 (éd. Janet). — Marot, III, 113. — 1541. Amadis, II, 69.

Aprement = Asprement. — 1554. Tahureau, I, 14.

Aptement. — Rabelais, II, 44, 483.

Arbitrairement [1397]. — I. Papon, Second Notaire, 144, éd. 1580.

Ardamment = Ardemment. — Marot, IV, 91. — 1554. Magny, Gayetez. — Montaigne, IV, 144.

Ardantement. — Marot, I, 183.

Ardemment [xiiᵉ s.]. — Marot, IV, 58. — 1527. Sénèque, c. — 1540. Amadis, I, 105. — Amyot, I.

Ardentement. — 1549. Ronsard. — Baïf, I, 24.

Argenteusement. — 1585. Thévenin, dans Du Bartas, 50.

Aristocratiquement [xviᵉ s. Amyot]. — Amyot, II.

Arithmetiquement [xviᵉ s. Pontus de Tyard].

Armonieusement = Harmonieusement [1510. J. Le Maire]. — Le Maire, I, 167. — 1541. Amadis, II, 2ᵇ.

Arrogamment [xivᵉ s.]. — Le Maire, III, 237. — 1538. 380. — Amyot, II.

Arroguamment. — Rabelais, II, 250.

Articulement. — I. Papon, Premier Notaire, 448, éd. 1585.

Artificiellement [xviᵉ s. Rabelais]. — Rabelais, I, 300; III, 153. — Amyot, II. — Montaigne, IV, 267.

Artificieusement [xivᵉ s.]. — 1551. L. Le Roy, Isocrates, 27. — 1570. C. Despence, dans Du Verdier, III, 331.

Artistement [xviᵉ s. Castelnau]. — 1588. Beauregard, A iiijᵇ. — 1589. Du Bartas, 277. — 1590. Descriptio horrendæ tempestatis, C iiij.

Asprement [xiiᵉ s.]. — Le Maire, III, 374. — 1527. Sénèque, f iᵇ. — 1540. Amadis, I, 31. — Amyot, II. — Montaigne, III, 83.

Assertivement [1409]. — Rabelais, II, 144.

Asseureement. — 1538. R. Estienne, 422. — Le Maire, I, 125.
— 1540. Amadis, I, 1[b].

Asseurement [1539. R. Estienne]. — Rabelais, I, 363. — Le
Maire, I, 189. — 1541. Amadis, II, 14. — Montaigne, II, 339.

Assiduellement. — 1561. G. Gueroult, dans Du Verdier, IV,
94. — 1579. P. de L'Ostal, dans Du Verdier, V, 314. — Brantôme, I, 305.

Assiduement [xvi[e] s. Calvin].

Assimilativement. — 1611. Cotgrave.

Assurémant. — 1554. Peletier, Aritmetique, 122.

Assurément = Asseurement. — Marot, III, 112. — P. de Brach.

Astrologiquement [xvie s. Cholières].

Astronomiquement [xvie s. P. de Mesmes].

Astucieusement [xvie s. Étienne de Médicis].

Atrocement [1533]. — I. Papon, Second Notaire, 389. — Somme
des pechez, 98, éd. 1595.

Attentement. — Rabelais, II, 110. — I. Papon, Troisieme
Notaire, 29, éd. 1583.

Attentifvement. — Rabelais, I, 474 (éd. Janet). — Amyot, II.
— Montaigne, II, 7.

Attentivement [1539. R. Estienne]. — 1538. R. Estienne, 528.
— 1550. Ch. de Sainte-Marthe, dans Heptaméron, I, 70. —
Montaigne, IV, 119.

Attiquement [1559. J. Doublet].

Attrayamment. — 1611. Cotgrave.

Attrempeement. — 1527. Sénèque, g vi[b]. — 1538. R. Estienne, 701.

Attrempément. — 1544. B. des Périers, 146.

Aucunement [xiv[e] s.]. — Le Maire, III, 208. — Marot, I, 186.
— 1540. Amadis, I, 62. — Amyot, II. — Montaigne, I, 37.

Audacieusement [xv[e] s.]. — Vers 1520. Dans Montaiglon-
Rothschild, X, 68. — Amyot, I. — Montaigne, I, 178.

Aulcunement = Aucunement. — Rabelais, I, 91.

Aultrement = Autrement. — Rabelais, I, 40.

Auspicatement. — 1554. Le Caron, 100.

Austerement [xiv[e] s.]. — 1544. Amadis, V, 18. — Amyot, II.

Authentiquement [xiv[e] s.]. — Amyot, I.

Autrement [xi[e] s.]. — Rabelais, II, 15. — Le Maire, III, 28.
— Marot, I, 29. — 1540. Amadis, I, 8[b]. — Montaigne, III, 135.

Avantageusement [xv[e] s.]. — 1561. G. Gueroult, dans Du Verdier, IV, 99. — 1583. Thévenin, dans 1585, Du Bartas, 523.
— Montaigne, IV, 129.

Avarement [xvi⁰ s. J. Du Bellay]. — 1554. Ronsard. — P. de
  Brach.

Avaricieusement [xiv⁰ s.].

Aventureusement [xiv⁰ s.]. — Le Maire, II, 328.

Aveuglement [xv⁰ s.]. — 1585. Thévenin, dans Du Bartas, 309.

Avidement [1555. De la Bouthière]. — Montaigne, I, 103.

Avisément = Adviseement. — 1611. Cotgrave.

Aygrement = Aigrement.

Aysement = Aisement. — Rabelais, I, 70 (éd. Janet). — Montaigne, I, 31. — I. Papon, Second Notaire, 352, éd. 1580.

Ayséement. — Montaigne, III, 142.

Badinement. — Brantôme, IX, 235.

Banalement [1280].

Barbarement [1540. G. Michel]. — 1546. R. Estienne. — 1554.
  Tahureau, II, 29. — Iodelle. — 1589. Du Bartas, 556.

Barbaresquement. — 1611. Cotgrave.

Bassement [xii⁰ s.]. — Le Maire, I, 308. — Marot, I, 102. —
  Ronsard. — Amyot, II.

Bassettement. — Le Maire, II, 19.

Batamment [1489]. — 1525. Dans Montaiglon-Rothschild,
  XII, 371.

Baudement. — Rabelais, I, 20, 480. — (?) Habert, (?) Bounyn,
  dans Théret, 415.

Bavardement. — 1585. Du Bartas, 332.

Baveusement. — 1585. Du Bartas, 243.

Begayment. — Baïf, I, 136.

Belistréement. — 1611. Cotgrave.

Bellement [xi⁰ s.]. — Rabelais, II, 263. — Le Maire, IV, 28.
  — Marot, II, 78. — 1540. Amadis, I, 54ᵇ. — Montaigne,
  I, 390.

Bellettement. — 1611. Cotgrave.

Belliqueusement. — 1611. Cotgrave.

Bɴɴᴇᴠolment. — 1557. Bugnyon, Erotasmes, 48.

Benevolement [néologisme].

Benignement [xii⁰ s.]. — Le Maire, I, 263. — Marot, I, 76. —
  1542. Amadis, III, 1ᵇ. — I. Papon, Second Notaire, 437.

Beninement. — Pontus de Tyard, 84.

Beotiquement. — 1568. Breslay, dans Du Verdier, V, 252.

Bestement [xiv⁰ s.]. — 1611. Cotgrave.

Bestialement [xiii⁰ s.]. — Le Maire, III, 327. — 1547. Marguerites de la Marguerite, I, 74.

Biaisement. — 1585. Du Bartas, 363.

Bienseamment. — 1611. Cotgrave.

Bigarrément. — Brantôme, X, 401.

Bigearrement. — 1611. Cotgrave.

Biglement. — 1611. Cotgrave.

Biȝarrement [xvɪᵉ s. Satire Ménippée].

Bʟᴀɴ*chement* [xvɪᵉ s. Du Bartas]. — 1554. Magny, Gayetez.
— 1555. Ronsard. — 1589. Du Bartas, 266.

Blondement. — 1553. Ronsard. — 1554. Tahureau, I, 10. —
Pontus de Tyard, 34.

Boistément. — 1611. Cotgrave.

Bonnairement. — 1611. Cotgrave.

Bonnement [xɪɪᵉ s.]. — 1527. Sénèque, d vii. — 1552. Amadis, X,
9ᵇ. — 1589. Du Bartas, 411. — Montaigne, I, 391.

Boufément ou *-ffément.* — 1611. Cotgrave.

Bougrement [xvɪᵉ s.].

Bouillamment. — 1611. Cotgrave.

Bourellement. — 1554. Tahureau, I, 58.

Bourrellement. — J. de la Péruse, 16, 73. — P. de Brach.

Boursalement. — 1611. Cotgrave.

Brachialement. — 1611. Cotgrave.

Bragardement. — Ronsard.

Bragardinement. — Henri Estienne, dans L. Clément, 367.

Bravement [1539. R. Estienne]. — Rabelais, II, 47. — 1545.
Amadis, VI, 5. — 1549. Ronsard. — Montaigne, III, 84.

Brefvement. — 1527. Sénèque, oᵇ. — 1549. J. Du Bellay, Deffence, 51. — Somme des pechez, 680, éd. 1595.

Brevement. — 1549. J. Du Bellay, Deffence, 101. — 1553.
Ronsard.

Briefvement [xɪɪᵉ s.]. — Rabelais, I, 93. — Marot, II, 1. —
1540. Amadis, I, 77ᵇ. — Montaigne, III, 141.

Bʀɪᴇᴠᴇᴍᴇɴᴛ [1539. R. Estienne]. — Le Maire, III, 248. —
Marot, I, 268. — I. Papon, Second Notaire, 307, éd. 1580.

Brillantement. — Du Bartas, dans Pellissier, 154.

Brunement. — Ronsard.

Brusquement [xvɪᵉ s. Rabelais]. — Rabelais, I, 105. — 1535.
Chanson citée par M. E. Picot dans la « Revue d'histoire
littéraire de la France, » II (1895), 555. — Montaigne, I, 280.

Brutalement [xvɪᵉ s. Calvin]. — 1550. Ch. de S. Marthe, dans
Heptaméron, I, 90. — 1589. Du Bartas, 430.

Brutivement. — 1611. Cotgrave.

Bruyamment [xiiie-xive s.].

Bruyantement. — 1554. Tahureau, I, 54. — Du Bartas.

Bucoliquement. — 1611. Cotgrave.

Cachement. — 1561. Bounyn, la Soltane, dédicace.

Calamiteusement. — 1611. Cotgrave.

Calmement. — 1553. Ronsard.

Calomnieusement [1377]. — 1574. Belle-Forest. — I. Papon,
Second Notaire, 745.

Candidement [1564. J. Thierry, Dictionnaire français-latin]. —
1554. Le Caron, 32.

Canonicquement [xiiie-xive s.]. — Rabelais, I, 85.

Çansiquemant. — 1554. Peletier, Algebre, 14.

Çansiçansiquemant. — 1554. Peletier, Algebre, 15.

Capietrement. — 1611. Cotgrave.

Capitalement [xive s.]. — I. Papon, Premier Notaire, 454. —
Montaigne, III, 40.

Capitulerement [xiiie s.].

Cappiettement. — Rabelais, II, 509.

Captieusement [xive s.]. — Montaigne, I, 173. — I. Papon.

Carrement.

Casuelement. — 1541. Amadis, II, 33. — Montaigne, II, 299.

Casuellement [xve s.]. — 1542. Amadis, III, 67b. — Montaigne,
II, 109. — I. Papon, Second Notaire, 371, éd. 1580.

Categoricquement [xvie s. Rabelais]. — Rabelais, II, 208.

Categoriquement. — I. Papon, Second Notaire, 701.

Catholiquement [xive s.]. — Le Maire, III, 238. — 1541. Amadis, II, 77b.

Caultement = Cautement. — 1542. Corrozet, Fables d'Ésope,
152.

Causativement. — 1611. Cotgrave.

(?) Causuellement = (?) Casuellement. — 1542. Amadis, III, 41b.

Cauteleusement [xve s.]. — Le Maire, I, 222 ; II, 107. — 1554.
Amadis, XI, 1b. — 1574. Belle-Forest. — P. de Brach.

Cautement. — Rabelais, I, 284. — Le Maire, IV, 487. — P. de
Brach.

Celeement. — Le Maire, I, 130.

Celement. — 1552. Amadis, X, 36b. — Cité par I. Papon, Troisieme Notaire, 26, éd. 1583.

Celestement. — 1554. Le Caron, 71. — 1554. Tahureau, I, 60.
— 1557. Bugnyon, Erotasmes, 113. — Pontus de Tyard, 87.
— Montaigne, II, 279.

Censivement. — 1611. Cotgrave.

Centenerement. — 1554. Le Caron, 99.

Cerimonialement. — 1611. Cotgrave.

Cerimonieusement. — 1611. Cotgrave.

Certainement [xiie s.]. — Rabelais, I, 9. — Le Maire, I, 251.
— Marot, I, 44. — 1540. Amadis, I, 1ᵇ. — Amyot, II. —
Montaigne, II, 345.

Certeinemant. — 1554. Peletier, Aritmetique, 37.

Certenement. — 1553. Ronsard.

Chagrinement. — P. de Brach. — 1589. Du Bartas, 93.

Chagrineusement. — 1576. P. de Brach.

Chairement = Cherement. — 1545. Amadis, VI, 22ᵇ.

Chaleureusement [1360].

Charitablement [xiiie s.]. — 1574. Belle-Forest. — I. Papon,
Troisieme Notaire, 19, éd. 1583.

Charmeusement. — 1589. Du Bartas, 560.

Charnellement [xiie s.]. — Rabelais, II, 142. — 1547. Marguerites de la Marguerite, I, 73. — Amyot, II. — I. Papon,
Second Notaire, 455. — Somme des pechez, 471, éd. 1595.

Chastement [xiie s.]. — Rabelais, II, 149. — Le Maire, IV,
114. — Marot, III, 46. — 1553. Ronsard. — 1554. Le Caron, 16.

Chatemitiquement. — 1611. Cotgrave.

Chaudement [xiie s.]. — 1542. Amadis, III, 20ᵇ. — Amyot, II.
— Montaigne, II, 56. — Brantôme, VI, 260.

Chauldement = Chaudement. — Rabelais, I, 363. — Marot,
II, 77. — 1540. Amadis, I, 68. — 1542. Amadis, III, 33. —
Montaigne, III, 81.

Cherement [xie s.]. — Rabelais, II, 72. — Marot, II, 184. —
1540. Amadis, I, 59. — Amyot, II. — Montaigne, I, 214.

Chestivement. — 1611. Cotgrave.

Chetivement [xiie s.]. — 1611. Cotgrave.

Chevaleureusement. — Le Maire, III, 391. — 1541. Amadis,
II, 47.

Chichemant. — 1554. Peletier, Algebre, 4.

Chichement. — Rabelais, III, 361. — 1538. R. Estienne, 78.
— 1570. Montaigne, IV, 305.

Chierement = Cherement. — Rabelais, I, 436 (éd. Janet).

Choleriquement. — 1577. Bolsec, 54.

Chrestiennement [xvie s. H. Estienne]. — 1550. Ch. de
S. Marthe, dans Heptaméron, I, 100. — 1574. Belle-Forest.
— Montaigne, II, 311.

Ciniquement = Cyniquement.
Cinquiemement [1550. Meigret]. — I. Papon, Premier Notaire,
96. — Somme des pechez, 10, éd. 1595.
Circulairement [xive s.]. — Rabelais, II, 242, 384.
Civilement [xive s.]. — Rabelais, II, 180. — 1554. Le Caron,
87. — Amyot, II. — I. Papon. — Montaigne, IV, 42.
Claire-brunement. — 1553. Des Autelz, B 4ᵇ.
Clairement [xiie s.]. — Rabelais, II, 219. — Marot, I, 78. —
1540. Amadis, I, 13ᵇ. — Amyot, II. — Montaigne, II, 128.
Clandestinement [xvie s. Rabelais]. — Rabelais, I, 37, 190. —
I. Papon, Second Notaire, 360, éd. 1580.
Clerement = Clairement. — Rabelais, I, 65. — Le Maire, III,
100. — Marot, I, 229. — 1540. Amadis, I, 50ᵇ.
Clericalement. — I. Papon, Second Notaire, 47, éd. 1580.
Coïement. — Montaigne, IV, 267.
Coiment. — 1553. Ronsard.
Cointement. — 1552. Dans Montaiglon, VIII, 220. — 1555.
Ronsard. — Henri Estienne, dans L. Clément, 367.
Colerement. — 1554. Tahureau, I, 25.
Collectivement [1568. L. Le Roy].
Collerement. — Pontus de Tyard, 118.
Colombellement. — 1553. Des Autelz, D 3. — 1554. Tahureau,
I, 72. — 1555. Vauquelin, 124. — 1559. Magny, Odes.
Comiquement [1552. Ch. Estienne].
Commodemant. — 1554. Peletier, Algebre, 161.
Commodement [1549. R. Estienne]. — Rabelais, II, 46. —
Marot, II, 225. — 1554. Le Caron, 91ᵇ. — I. Papon, Premier
Notaire, 108.
Communeement. — 1542. Amadis, III, 72ᵇ.
Communement [1539. R. Estienne]. — Rabelais, I, 4. — Le
Maire, II, 23. — Marot, I, 95. — 1527. Sénèque, e viii. —
1540. Amadis, I, 1. — Amyot, I. — Montaigne, I, 189.
Compandieusemant = Compendieusement. — 1554. Peletier,
Algebre, 141.
Compassément. — Brantôme, IX, 325.
Compassionnément. — 1574. Belle-Forest, 254.
Compendieusement [xiiie-xive s.]. — I. Papon, Second Notaire,
329, éd. 1580.
Competemment [xiiie-xive s.]. — Rabelais, I, 279 (éd. Janet).
— 1549. Du Bellay, Deffence, 181. — Montaigne, IV, 277.
Competentement. — Rabelais, I, 145, 289. — Le Maire, II, 150.

Completement [1310]. — Le Maire, IV, 267.
Comuneement = Communement. — 1542. Amadis, III, 43.
Concentriquement [1511. Bovelles].
Concordablement. — Le Maire, IV, 57.
Concordammens. — (?) 1530. Dans Montaiglon-Rothschild, XI, 217.
Concretivement. — Le Maire, IV, 67.
Condignement. — 1555. Vauquelin de la Fresnaye, 5. — 1561. Bounyn, la Soltane, dédicace. — 1585. Thévenin, dans Du Bartas, 664. — Brantôme, III, 390.
Conditionellement [xive s.]. — I. Papon, Premier Notaire, 95. — Somme des pechez, 146, éd. 1595.
Conestablement = Contestablement. — Rabelais, I, 280.
Confidemment [xive s.].
Conformeement. — Amyot, II.
Conformement [1564. J. Thierry, Dictionnaire français-latin]. — Vers 1530. Dans Montaiglon, VI, 17. — 1567. Ph. de l'Orme, 9. — 1574. Belle-Forest. — Montaigne, I, 140.
Confortablement.
Confusement [xve s.]. — Marot, III, 159. — 1544. C. de Saint-Julien, dans Le Maire, IV, 11. — 1554. Tahureau, II, 67. — I. Papon, Second Notaire, 4b. — Montaigne, IV, 112.
Congruement [xive s.].
Conjecturalement [xvie s. Montaigne]. — Montaigne, II, 66.
Conjecturallement. — Rabelais, II, 208.
Conjoinctement [1332]. — 1550. Amadis, Privilege, II, éd. in-8°.
Conjointemant. — 1554. Peletier, Aritmetique, 184.
Conjointement. — I. Papon, Premier Notaire, 70. — Montaigne, IV, 97.
Conjonctivement. — I. Papon, Premier Notaire, 608, éd. 1585.
Conjugalement [xvie s. Montaigne]. — Montaigne, IV, 275.
Conscientieusement [xvie s. Carloix]. — Montaigne, III, 381.
Consecutifvement. — Rabelais, I, 378 (éd. Janet).
Consecutivemant. — 1554. Peletier, Algebre, 19.
Consecutivement. — Rabelais, II, 11. — Montaigne, I, 294.
Consequemment [1379]. — Rabelais, II, 296. — Le Maire, III, 199. — Marot, I, 83. — 1552. Amadis, X, 58b. — Amyot, II. — Montaigne, II, 380.
Consequutivement = Consecutivement. — Le Maire, I, 196.
Considereement [1392]. — 1546. M. de S. Gelays, III, 275.
Considerement. — 1550. D. Sauvage, dans Du Verdier, III, 451.

Consistorialement. — I. Papon, Second Notaire, 22, éd. 1580.
Constamment [xive-xve s.]. — Le Maire, III, 269. — Marot, II,
    54. — 1542. Amadis, III, 41. — Amyot, II. — Montaigne,
    I, 199.
Constantement.
Consultement. — I. Papon, Second Notaire, 81, éd. 1580.
Contentieusement [xve s.]. — Rabelais, I, 311.
Contestablement. — Rabelais, I, 270 (éd. Janet).
Continemment. — Montaigne, III, 162.
Continuelement. — 1540. Amadis, I, 83.
Continuellement [xiie s.]. — Rabelais, I, 113. — Le Maire, I,
    206. — Marot, I, 24. — Amyot, I. — Montaigne, I, 107.
Continuement [1555. De la Bouthière]. — Rabelais, I, 79;
    II, 333.
Contrairement [xvie s. Des Portes, Cleonice]. — Montaigne,
    II, 358.
Controuvement. — 1554. Le Caron, 157b.
Contumelieusement. — I. Papon, Second Notaire, 385, éd. 1580.
Convenablement [xiie s.]. — Le Maire, I, 6. — 1527. Sénèque,
    e v. — Amyot, II. — Montaigne, II, 26.
Conventuellement [1462].
Convoiteusement. — Le Maire, II, 220. — 1574. Belle-Forest.
Copieusement [xive s.]. — Rabelais, I, 184. — 1549. J. Du Bel-
    lay, Deffence, 62. — 1550. Ch. de S. Marthe, dans Heptamé-
    ron, I, 81. — Montaigne, II, 248.
Coquinement. — 1576. P. de Brach.
Cordialement. — Rabelais, II, 84. — Amyot, II.
Cordiallement [xive s.]. — Le Maire, I, 189. — Marot, I, 171.
Cornuement. — Henri Estienne, dans L. Clément, 367.
Corporellement [xiie s.]. — 1527. Sénèque, 9 iib. — I. Papon,
    Second Notaire, 310, éd. 1580. — Somme des pechez, 697,
    éd. 1595.
Correctement [1402]. — 4 janvier 1553. Privilege, dans Ron-
    sard. — Amyot, II.
Corruptement. — Le Maire, III, 281. — I. Papon, Second
    Notaire, 249, éd. 1580.
Cottierement [xvie s. Guenoys]. — 1611. Cotgrave.
Couardement [xiiie s.]. — Montaigne, I, 63.
Couillonnicquement. — Rabelais, II, 24 (éd. Janet).
Couillonniquement. — Rabelais, II, 260.

2

Courageusement [xiiie s.]. — Rabelais, I, 348. — Le Maire, II, 166. — 1540. Amadis, I, 56. — Montaigne, I, 292.

Couraigeusement. — Rabelais, I, 334 (éd. Janet). — 1540. Amadis, I, 89b. — 1549. J. Du Bellay, Deffence, 161.

Couramment [xiie s.]. — 1538. R. Estienne, 445.

Courbement. — Pontus de Tyard, 111.

Courroucéement. — 1611. Cotgrave.

Courrouceusement. — 1611. Cotgrave.

Courtement [xiie s.]. — 1538. R. Estienne, 561.

Courtoisement [xie s.]. — Rabelais, I, 97. — Le Maire, I, 186. — 1540. Amadis, I, 123b. — Amyot, II. — Montaigne, IV, 110.

Courtoysement. — Rabelais, I, 306. — 1540. Amadis, I, 46b. — Amyot, II.

Coustumierement [xive-xve s.]. — 1561. Bounyn, la Soltane, dédicace. — Iodelle. — Amyot, II. — Montaigne, I, 170.

Couvertement [xiie s.]. — Le Maire, II, 275. — Marot, III, 113. — 1540. Amadis, I, 14b. — I. Papon, Troisieme Notaire, 36, éd. 1583.

Coyement = Coiment. — Le Maire, I, 135. — 1527. Sénèque, cv.

Craintivement [xive-xve s.]. — Pontus de Tyard, 109. — 1589. Du Bartas, 118.

Crasseusement. — Du Bartas, dans Pellissier, 155.

Crespement. — 1589. Du Bartas, 276.

Criminellement [xiiie s.]. — 1538. R. Estienne, 55. — I. Papon.

Croyablement. — 1611. Cotgrave.

Cruellement [xiie s.]. — Rabelais, I, 175. — Le Maire, I, 286. — Marot, I, 131. — 1540. Amadis, I, 7. — Montaigne, I, 25.

Cruement [xvie s. Montaigne]. — 1er juillet 1574. A. de Harsy, dans M. de S. Gelays, I, 141. — Montaigne, IV, 200.

Cubiquemant. — 1554. Peletier, Algebre, 7.

Cumulativement [1562]. — I. Papon, Second Notaire, 17.

Cupidement [1583. F. Bretin]. — 1554. Le Caron, 147.

Curieusement [xiie s.]. — Rabelais, I, 79. — Le Maire, II, 59. — 1540. Amadis, I, 8b. — Amyot, II. — Montaigne, I, 238.

Cyniquement = Ciniquement.

Damnablement [1406].

Dangereusement [1539. R. Estienne]. — 1538. R. Estienne, 533. — 1574. Belle-Forest. — Montaigne, I, 58.

Debilement [xve-xvie s.]. — 1546. R. Estienne. — 1571. G. Le Fèvre, Encyclie, 119.

Debonnairement [xiiᵉ-xiiiᵉ s.]. — Rabelais, II, 170. — Le
  Maire, I, 147.
Débordement. — 1590. Descriptio horrendæ tempestatis, C ij.
Decemment [xviᵉ s. Montaigne]. — Montaigne, I, 204.
Decentement [xviᵉ s. R. Estienne]. — 1544. Philandre et Pas-
  serose, 122. — I. Papon, Second Notaire, 46, éd. 1580.
Decisivement [xviᵉ-xviiᵉ s. Du Perron].
Dedaignemment. — Baïf.
Defectueusement [xivᵉ s.]. — Amyot, II.
Deffiamment. — 1611. Cotgrave.
Definimant. — 1554. Peletier, Algebre, 127.
Definitivement [xviᵉ s. Amyot]. — Amyot, II. — Montaigne,
  I, 112.
Defunctoirement. — 1611. Cotgrave.
Dehontément. — 1550. Ch. de S. Marthe, dans Heptaméron,
  I, 57.
Delectablement. — 1527. Sénèque, c.
Deliberément [xivᵉ s.]. — 1554. Le Caron, 22. — 1577. Bol-
  sec, 30.
Delicatement [xvᵉ s.]. — Le Maire, I, 231. — 1552. Amadis,
  X, 6ᵇ. — Amyot, II. — Montaigne, II, 387.
Delicieusement [xiiiᵉ s.]. — 1527. Sénèque, p viiiᵇ. — 1540.
  Amadis, I, 123. — Amyot, I.
Delieement. — 1538. R. Estienne, 706.
Demesurement. — 1575. Saliat, Herodote (éd. Talbot, 196).
Democratiquement [1568. L. Le Roy]. — Amyot, II.
Demonstrativement [xiiiᵉ s.].
Derisoirement [xvᵉ s.].
Dernierement [1294]. — Rabelais, II, 483 (éd. Janet). — 1527.
  Sénèque, d iii. — 1544. Amadis, V, 73ᵇ. — Montaigne, I, 9.
Desadventageusement [1611. Cotgrave].
Desagreablement [1642]. — Montaigne, IV, 239.
Desastreusement [xviᵉ s. Vigenère].
Desdaigneusement [xiiiᵉ s.]. — Montaigne, I, 230.
Desespereement [xivᵉ s.]. — Le Maire, IV, 136. — Amyot, II.
Desesperemant. — 1554. Peletier, Algebre, 129.
Desesperement. — Heptaméron, I, 265. — 1554. Tahureau, II,
  85. — 1586. Lambert, Vv vjᵇ.
Desgoutement. — M. Sceve, Delie, 221.
Desguisément. — Le Maire, II, 342.

Deshonnestement [xiiie s.]. — 1527. Sénèque, l ii. — 1538.
R. Estienne, 339. — Amyot, II.
Desloyaument [xiie-xiiie s.]. — 1538. R. Estienne, 531.
Desmesureement. — 1538. R. Estienne, 343.
Desmesurement [xie s.]. — Le Maire, I, 320. — I. Papon,
Second Notaire, 5b.
Desolement. — 1554. Le Caron, 15.
Desordonneement [xiie s.]. — 1546. R. Estienne.
Desordonnement. — Montaigne, IV, 63.
Desperement. — J. de la Peruse, 123.
Despiteusement. — Bouchet, Serées, I, 147. — Montaigne,
IV, 47.
Despotiquement [xive s.].
Desraisonnablement [xiiie-xive s.]. — Montaigne, I, 133.
Desreigleement. — 1538. R. Estienne, 343.
Desrieglement [xve-xvie s.].
Desroutéement. — 1611. Cotgrave.
Destrousséement. — Montaigne, II, 252.
Destroussement. — Montaigne, II, 273.
Determinement [xive s.]. — Brantôme, VI, 260.
Detestablement [1393]. — Rabelais, II, 165.
Deuement [xive s.]. — Rabelais, II, 163. — Le Maire, I, 147.
— 1527. Sénèque, n vib. — 1540. Amadis, I, 46b. — Amyot, I.
— I. Papon, Premier Notaire, 85. — Montaigne, III, 163.
Devotement [xiie s.]. — Rabelais, I, 313 ; II, 289. — Le Maire,
I, 230. — Marot, III, 176. — 1541. Amadis, II, 32.
Devotieusement [xive-xve s.]. — 1572. Belleforest, dans Du
Verdier, IV, 191. — 1586. Lambert, Mm vj. — Montaigne,
II, 136.
Dextrement [1549. R. Estienne]. — Rabelais, I, 56. — 1540.
Amadis, I, 100. — 1541. Amadis, II, 44. — Amyot, I. — Mon-
taigne, I, 217. — I. Papon, Second Notaire, 377, éd. 1580.
Diaboliquement [xve s.]. — 1611. Cotgrave.
Diagonalement [1611. Cotgrave]. — 1567. Ph. de l'Orme, 107.
Diagonellement [1561].
Dialectiquement [1549. R. Estienne]. — 1611. Cotgrave.
Diallement. — 1611. Cotgrave.
Diametralement [xive s.]. — Rabelais, I, 259 (éd. Janet).
— 1562. Du Pinet, Pline, I, 45. — 1567. Ph. de l'Orme,
Architecture, 107.

Differemment [xive s.]. — Marot, II, 183. — 1567. Ph. de l'Orme, 174^b. — I. Papon, Second Notaire, 312, éd. 1580.

Differentement. — 1527. Sénèque, r vii. — Amyot, II, 378.

Difficilement [1539. R. Estienne]. — Rabelais, II, 254. — Le Maire, IV, 138. — 1538. R. Estienne, 408. — 1540. Amadis, I, 109. — Montaigne, I, 139.

Difficillement. — Rabelais, II, 68.

Diffinitivement. — I. Papon, Second Notaire, 699, éd. 1580.

Diffusement [xve s.]. — Le Maire, II, 152. — 1585. Thévenin, dans Du Bartas, 2^b.

Digestement. — 1554. Le Caron, 16^b.

Dignement [xiie s.]. — Rabelais, II, 294. — Le Maire, IV, 119. — 1554. Le Caron, 130. — Amyot, II. — Montaigne, IV, 232.

Dilatoirement [1313].

Dilig'ammant. — 1554. Peletier, Algebre, a 7.

Diligemment [xiie s.]. — Rabelais, I, 101. — Le Maire, III, 288. — Marot, I, 248. — 1540. Amadis, I, 7. — Amyot, I.

Diligentement. — Rabelais, I, 338. — 1553. I. M[artin] P., dans Ronsard.

Dinnement = Dignement. — 1553. Magny. — 1553. Muret, dans Ronsard.

Directement [xive s.]. — Rabelais, I, 314. — Le Maire, II, 45. — Marot, I, 92. — 1527. Sénèque, m v. — Amyot, II. — Montaigne, I, 6.

Discontinuément. — 1611. Cotgrave.

Discordamment. — Montaigne, IV, 113.

Discourtoisement [xvie s. Brantôme].

Discretement [xiie s.]. — 1541. Amadis, II, 67^b. — Montaigne, II, 158.

Discrettement. — I. Papon, Second Notaire, 20. — Montaigne, II, 318.

Disertement [xiiie-xive s.]. — Rabelais, II, 80. — 1554. Le Caron, 9. — Amyot, I. — I. Papon. — Montaigne, III, 151.

Disjonctivement. — I. Papon, Premier Notaire, 608, éd. 1585.

Disposément. — Brantôme, IV, 100.

Dispostement. — Ronsard. — Brantôme, IX, 356.

Dissetiememant [1554. Peletier]. — 1554. Peletier, Aritmetique, 207.

Dissimulément. — 1611. Cotgrave.

Dissoluement [xiie-xiiie s.]. — 1538. R. Estienne, 528. — Amyot, II, 500. — I. Papon, Second Notaire, 46, éd. 1580.

Dissolument. — 1538. R. Estienne, 86.

Distincteement. — 1527. Sénèque, b iiib.

Distinctement [xiiie s.]. — Rabelais, II, 71. — Le Maire, IV, 55. — Amyot, II, 369b. — I. Papon. — Montaigne, IV, 224.

Distributivement [1568. L. Le Roy]. — I. Papon, Premier Notaire, 546.

Diversement [xiie s.]. — Rabelais, II, 90. — Le Maire, I, 210. — Marot, III, 147. — 1544. Amadis, V, 18. — Amyot, I. — I. Papon, Premier Notaire, 86. — Montaigne, I, 115.

Divinement [1418]. — Rabelais, II, 84, 441. — Marot, I, 286. — 1540. Amadis, I, 34. — 1553. Ronsard. — Amyot, II. — I. Papon, Second Notaire, 10. — Montaigne, I, 111.

Divisément [xiie s.]. — I. Papon, Second Notaire, 111, éd. 1580.

Divulguement. — Brantôme, IV, 9.

Diʒiememant. — 1554. Peletier, Aritmetique, 204.

Doctement [1549. R. Estienne]. — Rabelais, II, 350. — 1550. Ch. de S. Marthe, dans Heptaméron, I, 78. — 1554. Tahureau, I, 95. — I. Du Bellay. — Amyot, I.

Doctrinalement [xive s.].

Dolentement [xiie s.]. — Le Maire, I, 158. — 1540. Amadis, I, 59b. — 1554. Tahureau, I, 109.

Doloureusement. — 1611. Cotgrave.

Domestiquement [xvie s. M. Du Bellay]. — 1542. Amadis, III, 36b. — 1577. Bolsec, 67.

Dommageablement [xvie s. Montaigne]. — 1585. Thévenin, dans Du Bartas, 165. — Montaigne, I, 204.

Doublement [xiie s.]. — Marot, II, 38. — 1540. Amadis, I, 43b. — Marguerite de Navarre, Dernieres poesies, 134. — Montaigne, I, 130. — Somme des pechez, 505, éd. 1595.

Doubteusement = Douteusement. — 1540. Amadis, I, 35. — Montaigne, I, 18.

Doucement [xie s.]. — Le Maire, III, 13. — 1540. Amadis, I, 22. — 1553. Ronsard. — Amyot, II. — Montaigne, III, 76.

Doucereusement [xiiie-xive s.].

Doucettement [xiiie s.]. — Le Maire, II, 72. — 1554. Magny, Gayetez. — 1554. Tahureau, I, 78.

Dougément. — Ronsard.

Douillettement. — 1554. Tahureau, I, 76. — 1555. Vauquelin de la Fresnaye, 103.

Doulcement = Doucement. — Rabelais, I, 60. — Marot, I, 8.

— 1540. Amadis, I, 122. — Marguerite de Navarre, Dernieres poesies, 157. — Amyot, II.

Doulcettement = Doucettement. — Rabelais, II, 21. — Marot, II, 69. — 1544. Philandre et Passerose, 173.

Doulcimement. — J. Du Bellay.

Douloureusement [xiie s.]. — 1552. Amadis, X, 28.

Douteusement [xiie s.]. — Le Maire, I, 256. — 1554. Le Caron, 94b. — Amyot, II.

Douziememant. — 1554. Peletier, Aritmetique, 205.

Droictement = Droitement. — Rabelais, III, 154. — Marot, IV, 90. — 1527. Sénèque, a vb. — 1544. Amadis, V, 24b. — Montaigne, II, 286.

Droicturierement = Droiturierement. — Le Maire, IV, 264.

Droitement [xiie s.]. — 1552. Amadis, X, 37. — Ph. Des Portes. — I. Papon, Troisieme Notaire, 52, éd. 1583.

Droittement. — Montaigne, I, 185.

Droiturierement. — Le Maire, I, 251. — 1527. Sénèque, nb.

Drüement. — 1611. Cotgrave.

Duement. — Montaigne, IV, 191.

Dumant = Devement. — 1554. Peletier, Algebre, a 8.

Durablement [xiie s.].

Durement [xie s.]. — Rabelais, I, 183. — Le Maire, III, 48. — Marot, I, 133. — Amadis, III, 20. — 1560. Ronsard. — Amyot, I.

Eccentriquement [xvie s. Bovelles].

Ecclesiastiquement [xvie s. B. de Verville].

Effectivement [xive s.].

Effectuellement. — I. Papon, Premier Notaire, 359, éd. 1585. — Montaigne, III, 97.

Efféminement. — 1550. Ch. de S. Marthe, dans Heptaméron, I, 43.

Efficacement [1309]. — Amyot, II.

Efficacieusement. — 1611. Cotgrave.

Effondément. — 1611. Cotgrave.

Efforceement. — Le Maire, I, 327.

Efforcement. — Le Maire, II, 55. — 1574. Belle-Forest.

Effrayablement. — 1611. Cotgrave.

Effrayéement. — 1540. Amadis, I, 77b.

Effrenement. — Marot, I, 250. — Ronsard. — Somme des pechez, 577, éd. 1595.

Effronteement [xiie s.]. — 1538. R. Estienne, 544.

Effrontement. — 1559. Louveau, dans Du Verdier, IV, 224. — Iodelle. — I. Papon, Second Notaire, 389, éd. 1580.

Effro*yablement* [xvie s. Amyot]. — J. de la Peruse, 33. — Amyot, II, 24.

Effroyeement. — Amyot, II, 17.

Effroyement. — J. de la Peruse, 43, 55.

Effroyeusement. — Le Maire, I, 95.

Effusement. — 1544. Philandre et Passerose, 14.

Egalement [xiie s.]. — Le Maire, III, 86. — 1552. Amadis, X, 23^b. — I. Papon, Second Notaire, 314, éd. 1580. — Montaigne, I, 117.

Egallement. — Marot, I, 118. — 1553. Ronsard.

Egualement. — Rabelais, I, 281.

Elegamment [xive s.]. — Le Maire, I, 214. — 1538. R. Estienne, 427. — 4 janvier 1553. Privilege du Roy, dans Ronsard.

Elegantement. — Rabelais, III, 126. — 1553. I[an] M[artin] P[arisien], dans Ronsard.

Eleguantement. — Rabelais, II, 416 (éd. Janet).

Elo*quemment* [1642]. — 1567. Ph. de l'Orme, 10^b. — I. Papon, Second Notaire, 94, éd. 1580. — 1589. Du Bartas, 380.

Eloquentement [xve s.]. — Rabelais, I, 87; II, 297.

Emerveillablement. — 1561. Bounyn, la Soltane, dédicace.

Eminemment [1611. Cotgrave].

Emphatiquement [1611. Cotgrave].

Empiriquement [xvie s. Vigenère].

Empoulément. — Ronsard. — 1611. Cotgrave.

Enchanteusement. — 1589. Du Bartas, 560.

Encontrement. — 1554. Le Caron, 100.

Enfantilement. — 1611. Cotgrave.

Enfantinement. — Baïf, II, 140.

Enflément. — 1611. Cotgrave.

Enigmatiquement [xve-xvie s.]. — 1588. Vigenere Le Psaultier, 78^b.

Ennuyeusement [xiie-xiiie s.]. — 1586. Lambert, Nn viij.

Enor**mement** [1549. R. Estienne]. — Rabelais, I, 100. — Le Maire, II, 84.

Enragement. — J. de la Peruse, 16. — Iodelle. — 1574. Belle-Forest.

Enrouément. — Ronsard. — 1555. Vauquelin de la Fresnaye, 21. — 1576. P. de Brach.

Ensemblement. — Rabelais, II, 93. — 1540. Amadis, I, 82. —
1554. Magny. Gayetez. — P. de Brach. — I. Papon, Premier
Notaire, 200.

Ensemblément. — P. de Brach. — Amyot, II, 499.

Ensement. — 1611. Cotgrave.

Entendiblement. — 1538. R. Estienne, 385.

Ententifvement. — 1573. Du Preau, 292.

Ententivement. — Rabelais, I, 304 (éd. Janet). — Le Maire,
I, 228. — 1527. Seneque, f vi. — 1544. Amadis, V, 15; 1553.
IX, 10^b.

Enthymematiquement. — 1585. Thevenin, dans Du Bartas, 657.

Entierement [xII^e-xIII^e s.]. — Rabelais, I, 87. — Le Maire, IV,
116. — Marot, III, 220. — 1540. Amadis, I, 6^b. — Amyot, I.
— I. Papon, Premier Notaire, 755. — Montaigne, III, 128.

Enveloppeement. — 1538. R. Estienne, 347.

Envieusement. — Iodelle.

Eparsement. — 1553. Magny. Ronsard. — 1554. Le Caron, 52.

EPERdument [xvI^e s. Pasquier]. — 1554. Le Caron, 6^b. — 1574.
Perrin, 47^b.

Epoissement. — 1572. Bounyn.

Equallement. — Vers 1520, dans Montaiglon-Rothschild, X, 68.

Equidistamment. — 1567. Ph. de L'Orme, 61, 71^b.

Equipollement, -ppolement. — 1573. Du Preau, 374, 289.

Equitablement [xvI^e s. J. Thierry. Dictionnaire français-
latin]. — Rabelais, I, 265. — 1549. J. de Tournes, dans Le
Maire, IV, 8. — 1554. Le Caron, 27^b. — J. de La Peruse, 45.
— I. Papon, Premier Notaire, 721. — Montaigne, III, 57.

Equivalamment. — 1574. Belle-Forest.

Equivalement. — 1577. Bolsec, 108.

Erramment. — 1611. Cotgrave.

Erroneement. — I. Papon, Second Notaire, 162.

Erronément. — I. Papon, Premier Notaire, 25, 245.

Erronnéement. — 1611. Cotgrave.

Erronnément. — I. Papon, Second Notaire, 330.

Escharcement. — Montaigne, I, 329.

Escharsement. — 1538. R. Estienne, 78, 658. — Montaigne,
IV, 276.

Esciemment. — 1554. Ronsard. — 1611. Cotgrave.

Esclerement. — 1611. Cotgrave.

Esemant = Aisement. — 1554. Peletier. Algebre, 41.

Esfrontement = Effrontement. — 1611. Cotgrave.

Esgalement. — 1538. R. Estienne, 516. — Montaigne, II, 246.

Esgallement. — 1573. Du Preau, 81. — 1574. Belle-Forest.

Esgualement. — Rabelais, II, 414 (éd. Janet).

Eshontement. — 1547. Marguerites de la Marguerite, I, 43.

Espaissement = Espessement. — 1585. Du Bartas, 696.

Esparsement = Eparsement. — Ronsard. — 1585. Du Bartas, 277.

Especialement. — 1527. Seneque, o vi. — 1540. Amadis, I, 87b.

Especiallement. — Le Maire, IV, 520. — 1550. L'Orloge des Princes, 45b.

Esperduement. — 1585. Thevenin, dans Du Bartas, 114. — Montaigne, II, 9.

Esperdument. — 1590. Descriptio horrendae tempestatis, C ijb.

Esperement. — 1554. Le Caron, 134.

Espessement. — J. Du Bellay. — Ronsard. — 1557. Tyard, 85.

Espionniticquement. — Rabelais, II, 473 (éd. Janet).

Espionnitiquement. — Rabelais, III, 283.

Espoventablement [xiie s.]. — Rabelais, I, 354. — Le Maire, IV, 501. — Marot, III, 226.

Espouventablement. — Le Maire, IV, 151. — Iodelle.

Espouventeusement. — 1530. Palsgrave, 836.

Essencialement. — 1557. Tyard, 150.

Essentiellement [xiie-xiiie s.]. — 1585. Thevenin, dans Du Bartas, 44. — Montaigne, I, 99. — Somme des pechez, 19, éd. 1595.

Estanconnement. — 1588. Vigenere. Le Psaultier, 134b.

Estrangement [xiie s.]. — Rabelais, I, 284. — Le Maire, III, 62. — Marot, I, 45. — 1540. Amadis, I, 104. — Marguerite de Navarre. Dernières poésies, 78. — Amyot, I. — Montaigne, I, 56.

Estanconnement. — 1588. Vigenère. Le Psaultier, 134b.

Estroictement [xiie s.]. — Rabelais, II, 233 (éd. Janet). — Marot, III, 145. — 1540. Amadis, I, 54. — 1544. B. Des Periers, 134. — 1588. Vigenere. Le Psaultier, 22b.

Estroitement. — Le Maire, II, 107. — I. Papon, Premier Notaire, 201. — Montaigne, I, 128.

Estroittement. — 1554. Tahureau, I, 82. — Amyot, II. — I. Papon, Second Notaire, 95. — Montaigne, III, 87.

Esvolement. — 1611. Cotgrave.

Eternellement [xiiie s.]. — Rabelais, I, 21. — Le Maire, III, 327. — 1553. Ronsard. — Amyot, II. — Montaigne, I, 424.

Etourdiment [xive s.].

Etrangement = Estrangement. — 1555. Ronsard. — 1557. Bugnyon. Erotasmes, 37.

Etroictement. — 1544. Philandre et Passerose, 155.

Etroitement. — 1553. Muret, dans Ronsard.

Etroittement. — 1554. Tahureau, I, 105.

Eureusemant. — 1554. Peletier. Algebre, a 7.

Eureusement = Heureusement. — 1538. R. Estienne, 87.

Evangeliquement [xvie s. L. Joubert].

Evertuement. — 1611. Cotgrave.

Evidemment [xiiie s.]. — Rabelais, II, 403. — 1538. R. Estienne, 379. — 1553. Ronsard. — Amyot, I. — 1573. Du Preau, 289.

Evidentement. — Rabelais, II, 74, 162, 351, 502.

Exᴀctement [1541. J. Canappe]. — Rabelais, II, 430 (éd. Janet). — 1547. Vitruve, 89. — Ronsard. — I. Papon, Premier Notaire, 67. — Montaigne, I, 142.

Excellement [1539. R. Estienne]. — 1538. R. Estienne, 260. — 1545. Amadis, VI, 1b. — 1565. Bereau, 18. — 1589. S. Goulart, dans Du Bartas, 284.

Excellentement [xive s.]. — 1527. Seneque, f vi. — 1530, dans Montaiglon-Rothschild, XI, 98. — Amyot, II.

Excessivement [1539]. — 1538. R. Estienne, 434. — Amyot, II. — I. Papon, Second Notaire, 221. — Montaigne, I, 11.

Exclusivement [1410]. — Rabelais, II, 26. — 1585. Thevenin, dans Du Bartas, 62.

Excortement. — Brantôme, VI, 149.

Excusablement. — Montaigne, IV, 224.

Execrablement [xve s.].

Exemplairement [xiiie s.]. — I. Papon, Second Notaire, 177.

Exorbitamment [1534].

Expertement. — 1535. Le Peregrin, 70b.

Expletivement [1551. Quintil Horatian]. — 1611. Cotgrave.

Expresseement. — 1538. R. Estienne, 479.

Expressement [xiie s.]. — Rabelais, II, 277. — Le Maire, III, 207. — 1544. Amadis, V, 14. — Amyot, I. — I. Papon, Premier Notaire, 185. — Montaigne, III, 106.

Exquisement [1525]. — 1557. Bugnyon. Erotasmes, 16. — Amyot, II. — Brantôme, VI, 268.

Exquisitement. — Rabelais, III, 143.

Extensivement. — Somme des pechez, 118, éd. 1595.

Exterieurement. — 1550. L'Orloge des Princes, 248. — Montaigne, I, 368.

Exteriorement [1532. Rabelais]. — Rabelais, I, 40.

Externement. — H. d'Avost de Laval, dans Du Verdier, IV, 206.

Extrajudiciairement [xvie s.].

Extraordinairement [xive s.]. — Rabelais, I, 235. — 1530, dans Montaiglon-Rothschild, XI, 259. — I. Papon, Second Notaire, 68. — Montaigne, I, 126.

Extravagamment [xvie s. Vigenère].

Extrememement. [1549. R. Estienne]. — Rabelais, I, 183. — 1553. Amadis, IX, 7. — Amyot, II. — 1573. Du Preau, 133. — Montaigne, I, 13.

Extrinsèquement [1541. J. Canappe]. — Le Maire, IV, 137.

Fabuleusement [xve-xvie s. Fossetier]. — 1541. Macault, 28b. — Iodelle. — I. Papon, Premier Notaire, 252. — 1585. Thevenin, dans Du Bartas, 2b.

Facetieusement [xve s.]. — 1611. Cotgrave.

Facheusement = Fascheusement. — Amyot, II.

Facilemant. — 1554. Peletier. Algebre, 163.

Facilement [1475]. — Rabelais, I, 55. — Le Maire, III, 182. — 1545. Amadis, V, 71. — Amyot, II. — Montaigne, II, 340.

Facillement. — Rabelais, I, 4.

Facondement. — 1554. Le Caron, 67. — 1611. Cotgrave.

Fademement [1611. Cotgrave]. — 1554. Tahureau, II, 18.

Fainctement. — 1538. R. Estienne, 294. — 1542. Corrozet, 26.

Faintement. — 1538. R. Estienne, 278.

Faintement. — 1611. Cotgrave.

Faitardement. — 1611. Cotgrave.

Fallacieusement [1552. Ch. Estienne].

Falotement [xve-xvie s. R. de Collerye]. — Rabelais, I, 145.

Fameilleusement. — 1530. Palsgrave, 836. — 1611. Cotgrave.

Familiairement. — Rabelais, I, 323.

Familierement [xiie-xiiie s.]. — Rabelais, I, 363. — Le Maire, I, 178. — 1527. Seneque, a viii. — Amyot, II. — I. Papon, Premier Notaire, 178. — Montaigne, II, 83.

Fantasquement [xvie s. Du Bartas]. — 1611. Cotgrave.

Fantastiquement [xive s.]. — 1562. Tahureau, dans Du Verdier, IV, 311.

Fardement. — 1599. Lasphrise, 497.

Fascheusement [xvie s. Montaigne]. — Rabelais, II, 436 (éd. Janet). — Marot, II, 184. — 1541. Amadis, II, 82. — 1544. B. Des Periers, 104. — 1546. R. Estienne.

Fastueusement [xvie s. Vignier].

Fatalement [1549. R. Estienne]. — Rabelais, II, 332. — 1554.
Le Caron, 7. — 1554. Tahureau, II, 75. — Amyot, II.

Fatament. — Brantôme, I, 239.

Fatidicquement. — Rabelais, II, 126.

Fatidiquement. — 1611. Cotgrave.

Faucement. — 1540. Amadis, I, 62. — Montaigne, I, 170.

Faulcement [xiie s.]. — 1540. Amadis, I, 45b. — 1550. Privilege,
dans Rabelais, II, 4.

Faulsement. — Le Maire, I, 15. — 1540. Amadis, I, 44. —
Amyot, II, 481b.

Faussement. — I. de La Peruse, 164. — I. Papon, Premier
Notaire, B 3b. — 1599. Lasphrise, 271.

Favorablement [xiiie s.]. — 1553. Magny. — 1554. Le Caron, 13b.
— 1555. Ronsard. — I. Papon, Second Notaire, 66. — Montaigne, I, 189.

Favourablement. — 1611. Cotgrave.

Feablement — Rabelais, III, 22. — Le Maire, I, 101. — 1544.
B. Des Periers, 154.

Fealement. — 1538. R. Estienne, 293.

Feallement. — 1527. Seneque, r iib.

Fecondement. — 1571. G. Le Fevre. Encyclie, 122. — 1585. Du
Bartas, 447.

Feinctivement. — 1557. Bugnyon. Erotasmes, 60.

Feintement. — Le Maire, I, 228. — Marot, I, 66. — 1554.
Tahureau, I, 82.

Fellonneusement. — 15.., dans Montaiglon, IV, 194.

Felonnement. — Rabelais, II, 224. — 1546. R. Estienne. —
1553. Magny. — Baïf, I, 161. — 1574. Belle-Forest. — 1587.
Fonteny, 12.

Felonneusement. — Le Maire, I, 322.

Feminniement. — Le Maire, III, 87.

Feodalement [xvie s.].

Fermement [xiie s.]. — Rabelais, II, 22. — Le Maire, I, 282.
— Marot, I, 91. — 1540. Amadis, I, 99b. — Amyot, I. —
I. Papon, Second Notaire, 448. — Montaigne, III, 125.

Fertilement [xve-xvie s. Fossetier]. — Le Maire, I, 222. —
1538. R. Estienne, 410.

Fervément. — M. Sceve. Delie, 194. — 1611. Cotgrave.

Fervamment. — 1538. R. Estienne, 291.

Ferventement. — 1588. Vigenere. Le Psaultier, 74b.

Fichément. — 1611. Cotgrave.

Fictivement [xve s.].

Fideicommissairement. — I. Papon, Premier Notaire, 92.

Fidelement [1539. R. Estienne]. — ? 1536. Rabelais, II, 53o (éd. Janet). — 1538. R. Estienne, 293. — 1541. Amadis, II, 57b. — 1553. Ronsard. — Montaigne, I, 110.

Fidellement. — 1542. Amadis, III, 73. — Baïf, II, 208. — I. Papon, Premier Notaire, 151. — Montaigne, I, 15.

Fierement [xie s.]. — Rabelais, I, 107. — Le Maire, II, 153. — Marot, I, 81. — 1542. Amadis, III, 31. — Montaigne, II, 37.

Fierettement. — 1611. Cotgrave.

Figuratifvement [xive s.]. — 1527. Seneque, a iiii.

Figureement [xive s.]. — 1588. Vigenere. Le Psaultier, Xxiiijb.

Figurement. — 1588. Vigenere, Ss iij.

Filialement [xve s.].

Filosofiquement = Philosophiquement. — 1554. Le Caron, 35b.

Finablement. — Rabelais, I, 64. — Le Maire, I, 257. — Marot, I, 88. — 1540. Amadis, I, 45b. — I. Du Bellay. — Amyot, I, II. — I. Papon, Premier Notaire, 127.

Finalement [xiiie s.]. — Amyot, I. — I. Papon, Second Notaire, 269. — Montaigne, II, 183.

Finement [xiie s.]. — Rabelais, II, 3o6. — Marot, II, 78. — 1540. Amadis, I, 13o. — 1553. Ronsard. — Amyot, II, 489. — Montaigne, II, 89.

Fixement [xvie s. Montaigne]. — Rabelais, III, 153. — Montaigne, I, 11. — 1589. Du Bartas, 324.

Flairantement. — Du Bartas, dans Pellissier, 158.

Flamboyantement. — 1589. Du Bartas, 467.

Flateusement [xvie s. P. de Brach]. — P. de Brach.

Fluidement. — 1554. Tahureau, II, 63.

Foiblement [xie s.]. — 1538. R. Estienne, 341. — 1554. Le Caron, 188b. — Ronsard. — Montaigne, II, 388.

Foiblettement. — 1554. Tahureau, I, 58, 69, 81.

Folastrement. — 1554. Tahureau, I, 93.

Folatrement [1539. R. Estienne]. — 1553. Ronsard.

Folement [xie s.]. — 1527. Seneque, h vb. — 1541. Amadis, II, 18b.

Follastrement. — 1538. R. Estienne, 412. — Ronsard. — Amyot, II. — I. Papon, Second Notaire, 451.

Follement. — Rabelais, I, 35o. — Le Maire, II, 168. — Marot, III, 209. — 1542. Amadis, III, 6b. — Amyot, II.

Foncierement [xve s.].

Fondamentalement [xve s.].

Fondéement. — 1611. Cotgrave.

Forcement [xive s.]. — 1574. Belle-Forest.
Forciblement. — 1530. Palsgrave, 843.
Formellement [xiiie-xive s.]. — I. Papon, Premier Notaire, 56.
— 1586. Lambert. Nn viij b.
Forment. — 1547. Marguerites de la Marguerite, IV, 305. —
1557. Bugnyon. Erotasmes, 61.
Forsenement [xiie s.].
Fortement [xiiie s.]. — 1547. Marguerites, II, 124. — 1553.
Ronsard.
Fortuitement [xive s. J. Grevin]. — 1554. Le Caron, 64b. —
Amyot, II, 483. — I. Papon, Premier Notaire, 746. — Mon-
taigne, III, 49.
Fortuneement. — 1538. R. Estienne, 649.
Fortunément. — 1554. Le Caron, 1b. — 1561. Bounyn. La Sol-
tane. Dédicace.
Foudroyemment. — 1599. Lasphrise, 36.
Fourchément. — 1611. Cotgrave.
Fourchument. — 1553. Ronsard.
Fragilement. — I. Papon, Second Notaire, 386.
Fraichement. — Rabelais, I, 277. — Montaigne, IV, 124.
Fraichettement. — 1554. Tahureau, I, 75.
Fraischement = Freschement. — Rabelais, I, 272. — 1544.
Amadis, V, 16. — Ronsard.
Fraislucement. — 1611. Cotgrave.
Franchement [xiie s.]. — Rabelais, I, 17. — Le Maire, I, 6. —
Marot, I, 109. — 1541. Amadis, II, 90. — Amyot, I. —
I. Papon, Premier Notaire, 756. — Montaigne, I, 139.
Françoisement. — Ronsard, dans Du Verdier, IV, 284. — 1576.
Dans Histoire de la langue et de la littérature françaises,
III, 701.
Fraternellement [xve s.]. — Le Maire, I, 78. — 1567. Ph. De
l'Orme, 20. — 1573. Du Preau, 132.
Fraudulemment. — 1573. Du Preau, 102, 340. — 1611. Cotgrave.
Fraudulentement. — 1573. Du Preau, 267. — 1611. Cotgrave.
Frauduleusement [xive s.]. — Le Maire, IV, 146. — 1552. Ama-
dis, X, 32b. — I. Papon, Second Notaire, II, 43.
Frechement = Freschement. — 1554. Le Caron, 7b.
Fredonnément. — 1557. Pontus de Tyard, 119. — 1585. The-
venin, dans Du Bartas, 571.
Frequemment [xve s.]. — 1554. Le Caron, 140b.
Frequentement. — 1545. Peletier, dans Du Verdier, IV, 301.
— Pontus de Tyard, 61.

Freschement [xiie s.]. — Rabelais, I, 262 (éd. Janet). — Le
Maire, III, 283. — Marot, I, 28. — 1540. Amadis, I, 50b. —
Montaigne, III, 87. — 1588. Vigenere. Le Psaultier, 99.

Friament. — 1588. Beauregard, B.

Friandement. — 151?, dans Montaiglon-Rothschild, XII, 68.
— 1554. Le Caron, 185. — Amyot, II. — 1599. Lasphrise, 569.

Frisquandinement. — ? 1530, dans Montaiglon-Rothschild,
XI, 180.

Frisquement. — 15.., dans Montaiglon, VIII, 255. — 1555.
Ronsard.

Frivolement [1384]. — 1547. Marguerites de la Marguerite,
I, 73. — 1557. Tyard, 52.

Froidelettement. — 1611. Cotgrave.

Froidement [xive s.]. — Le Maire, III, 392. — 1555. Ronsard.
— Amyot, II. — Montaigne, II, 5.

Fructueusement [xive s.].

Frugalement. — I. Papon, Second Notaire, 287. — 1586. Lambert, 316b. — 1587. Fonteny, 24b.

Frugallement [xvie s. Rabelais]. — Rabelais, III, 390.

Frustratoirement. — I. Papon, Premier Notaire, 89. — Montaigne, III, 83.

Fumeusement. — 1589. Du Bartas, 539.

Funebrement. — 1611. Cotgrave.

Furieusement [xive s.]. — Rabelais, I, 136. — Le Maire, III,
251. — Marot, I, 173. — 1540. Amadis, I, 31. — Montaigne,
II, 6.

Furtifvement. — Rabelais, I, 62 (éd. Janet).

Furtivement [1380]. — Rabelais, II, 92. — Marot, III, 191. —
1538. R. Estienne, 399. — 1542. Corrozet, 184.

Futurement. — Helisenne de Crenne, F 8b.

Fuyardement. — 1583. Virgile, 152b.

Gaiement [xive s.]. — 1553. Magny.

Gaillardement [xie s.]. — Le Maire, III, 138. — Marot, II, 174.
— H. d'Avost de Laval, dans Du Verdier, IV, 213. — Belle-
Forest, dans Du Verdier, III, 633. — Montaigne, I, 124.

Gaiment. — 1561. Bounyn. La Soltane. Dédicace.

Galamment. — 1599. Lasphrise, 571.

Galantement. — Rabelais, I, 294. — 1540. Amadis, I, 28b. —
Amyot, II.

Galemment. — 1599. Lasphrise, b ijb.

Galentement. — Rabelais, I, 87.

Gallantement. — 1542. Amadis, III, 33b.

Gallemment. — 1599. Lasphrise, 179.

Gayement = Gaiement. — Le Maire, IV, 482. — Amyot, II.
— Montaigne, I, 50.

Generalement [xiie s.]. — Rabelais, II, 45. — 1527. Séneque,
b viib. — Amyot, II. — I. Papon, Premier Notaire, 173. —
Montaigne, II, 347.

Generallement. — Le Maire, I, 321. — 1542. Amadis, III, 3b.
— Montaigne, I, 14.

Generativement. — 1551. Léon Hebrieu (Tyard). I, 134.

Genereusement [1630]. — 1565. Bereau, 98. — Amyot, II, 4b,
29b. — 1577. Bolsec, 115. — 1583. Thevenin, dans 1585. Du
Bartas, 342. — Montaigne, II, 33. — 1599. Lasphrise, 665.

Gentement. — Marot, I, 155. — 1538. R. Estienne, 592. —
Ronsard. — 1571. G. Le Fevre. Encyclie, 148.

Gentilement. — 1546. M. de S. Gelays, III, 268.

Gentillement. — Amyot, II. — 1589. S. Goulart, dans Du Bartas, 575. — 1599. Lasphrise, 508.

Gentilment. — Amyot, II. — 1574. Belle-Forest.

Gentiment [xiie-xiiie s.]. — 1538. R. Estienne, 428. — Amyot,
II, 371b. — 1574. Belle-Forest.

Gironiquement = Gyronicquement. — Rabelais, III, 283.

Glissantement. — Pontus de Tyard, 118.

Glissement. — 1557. Tyard, 144.

Glorieusement [xiie s.]. — Rabelais, I, 74. — Le Maire, I, 53.
— Marot, I, 173. — 1541. Amadis, II, 77. — Amyot, I. —
Montaigne, III, 84.

Gloutement. — 1538. R. Estienne, 82. — 1554. Magny. Gayetez. — 1554. Tahureau, 1, 46. — Baïf, I, 24.

Gloutonnement [xviie s.]. — 1585. Du Bartas, 550.

Gluantement. — 1589. Du Bartas, 366.

Gorgément. — 1611. Cotgrave.

Gorgiasement. — 1530. Palsgrave, 844. — Heptaméron, II, 344;
III, 168. — Brantôme, VIII, 31.

Gorrierement. — 1538. R. Estienne, 199. — E. Picot. Recueil
général des Soties, I, 156.

Gothicquement. — Rabelais, I, 57.

Gouluement. — Montaigne, IV, 175.

Goulument [xvie s. Amyot]. — Ronsard. — Baïf. — Amyot, II.
— 1599. Lasphrise, 449.

Gourmandement. — Montaigne, IV, 85.

Gourrement. — 15.., dans E. Picot. Soties, I, 244.

Gourrierement = Gorrierement. — 15.., dans E. Picot, I, 249.

Gracieusement [1302]. — Rabelais, I, 282. — 1527. Seneque, e ii[b]. — 1540. Amadis, I, 41. — Amyot, I. — I. Papon, Second Notaire, 448.

Graduellement [xive s.]. — 1551. D. Sauvage, 492.

Gramment [xiie s.]. — Marot, I, 246.

Grandement [xive s.]. — Rabelais, I, 97. — Le Maire, III, 56. Marot, I, 112. — 1540. Amadis, I, 1. — Amyot, II. — I. Papon, Premier Notaire, 157. — Montaigne, III, 195.

Grassement [xive s.]. — 1574. Perrin, 12[b]. — Montaigne, IV, 269.

Gratieusement. — Rabelais, II, 416. — 1540. Amadis, I, 82. — 1573. Du Preau, 28. — Montaigne, II, 345.

Gratuitement [1400]. — I. Papon, Premier Notaire, 152. — 1573. Du Preau, 10. — 1574. Belle-Forest.

Gravement [1539. R. Estienne]. — 1542. Corrozet, 21. — 1554. Le Caron, 126[b]. — 1555. Ronsard. — Amyot, I.

Grefvement. — Rabelais, II, 110. — Marot, III, 225.

Greslement. — 1611. Cotgrave.

Griefvement. — Rabelais, I, 474 (éd. Janet). — 1527. Seneque, p viii. — 1541. Amadis, II, 19. — 1573. Du Preau, 67.

Grievement [1539. R. Estienne]. — Le Maire, I, 181. — Marot, I, 94. — Amyot, I. — I. Papon, Premier Notaire, 750. — — Montaigne, III, 84.

Grivolement. — Du Bartas, dans Pellissier, 159.

Grongneusement. — 1555. Vauquelin de La Fresnaye, 35.

Grossement [1315]. — Marot, I, 60. — 1527. Seneque q[b]. — 1553. Des Autelz, a 5. — Ronsard. — 1554. Tahureau, II, 44. — Amyot, II, 509[b].

Grossierement [xive s.]. — (1544). Delie, 418. — 1557. Tyard, 64. — 1571. G. Le Fevre. Encyclie, 43. — Montaigne, I, 175.

Guaillardement. — Rabelais, II, 202.

Gualantement. — Rabelais, I, 215, 356; II, 126.

Gualentement. — Rabelais, I, 21, 359.

Guallentement. — Rabelais, II, 421 (éd. Janet).

Guayement. — Rabelais, II, 114. — 1554. Tahureau, II, 82. — Amyot, II.

Guayment. — Rabelais, I, 5 (éd. Janet).

Guerrierement. — H. d'Avost de Laval, dans Du Verdier, IV,
217. — Du Bartas, dans Pellissier, 159.

Guorgiasement. — Rabelais, II, 309.

Gyronicquement. — Rabelais, II, 473 (éd. Janet).

Habilement. — Amyot, II.

Habillement [xive s.]. — Rabelais, I, 362. — 1573. Du Preau,
344.

Haineusement [xive-xve s.].

Hardiement [xiie s.]. — Le Maire, I, 296. — 1527. Seneque,
l'vb. — 1540. Amadis, I, ã iiii.

Hardiment. — Rabelais, I, 18. — Le Maire, I, 249. — Marot,
I, 69. — 1540. Amadis, I, 3. — Amyot, I. — Montaigne,
I, 110.

Hardyment. — Rabelais, I, 99 (éd. Janet). — Marot, I, 56.

Harmonieusement [1510]. — Rabelais, I, 66. — 1557. Bugnyon.
Erotasmes, 16.

Harmoniquement. [1579].

Hasardeusement [1564. J. Thierry, Dictionnaire français-latin].
— 1573. Du Preau, 158. — Montaigne, I, 186.

Hastifvement. — Rabelais, I, 84 (éd. Janet).

Hastiuement [xie s.]. — Rabelais, I, 89. — Le Maire, I, 165.
— 1540. Amadis, I, 4. — Montaigne, IV, 260.

Havement. — Ronsard. — 1611. Cotgrave.

Haultainement. — 1534. Thucydide, 115a. — 1538. R. Estienne.

Haultement. — Rabelais, I, 86. — Marot, II, 32. — 1540.
Amadis, I, 15.

HAUTAINEMENT [xvie s. Amyot]. — Le Maire, I, 165. —
Amyot, II.

Hautement [xie s.]. — Le Maire, I, 159; III, 17. — Marot, I,
261. — Amyot, II. — I. Papon, Premier Notaire, 699.

Hayneusement. — Baïf. II, 205.

Haʒardeusement = Hasardeusement. — 1589. Du Bartas, 388.
— Montaigne, I, 393.

Heretiquement. — Somme des pechez, 15, éd. 1595.

HEureusement [1539. R. Estienne]. — Rabelais, II, 84. — Le
Maire, I, 199. — Marot, I, 68. — 1540. Amadis, I, 42b. —
1544. B. Des Periers, 110. — Amyot, I. — Montaigne, I, 57.

Hideusement [xiie s.]. — Le Maire, I, 210; II, 80. — I. de La
Peruse, 15. — Baif. II, 113.

Hieroglyphiquement. — G. Bouchet. Serées, I, 219.

Hilarement. — 1583. Horace, Odes, 87.

Hinnelement = Isnellement. — 1538. R. Estienne, 212.
Historialement. — Le Maire, I, 325.
Historiquement. — 1551. Des Autelz. Replique, 16.
Homocentricalement. — Rabelais, II, 109.
Honestement. — Rabelais, II, 74. — Amyot, II.
Honnestement [xiie s.]. — Rabelais, I, 22 (éd. Janet). — Le
   Maire, I, 98. — Marot, I, 141. — 1540. Amadis, I, 2b. —
   Amyot, I. — I. Papon, Premier Notaire, 243. — Montaigne,
   I, 131.
Honnettemant. — 1557. Bugnyon. Erotasmes, 72.
Honnorablement. Honorablement [xiie-xiiie s.]. — Rabelais,
   I, 304; II, 358. — Le Maire, III, 290. — Marot, II, 260. —
   1540. Amadis, I, 15, 27. — Amyot, II. — I. Papon, Premier
   Notaire, 719. — Montaigne, I, 36.
Honorificquement [xve s.]. — Rabelais, II, 51 (éd. Janet).
Honorifiquement. — Rabelais, II, 287.
Honteusement [xiie s.]. — Le Maire, III, 392. — Marot, II, 51.
   — 1542. Amadis, III, 19b. — 1554. Le Caron, 159. — Belleau.
   — Amyot, II. — 1589. Du Bartas, 409. — Montaigne, I, 343.
Horriblement [xiie s.]. — Rabelais, I, 63. — Le Maire, I, 195.
   — Marot, III, 82. — 1552. Amadis, X, 36b. — 1553. Ronsard.
   — Amyot, II. — 1589. Du Bartas, 410.
Horrificquement. Horrifiquement. — Rabelais, II, 395, 258.
Hospitalierement [xvie s. Vigenère].
Hostiatement. — Rabelais, I, 242.
Hostilement [xve-xvie s. Seyssel. Appian]. — Rabelais, I, 117.
   — Le Maire, II, 148. — 1534. Thucydide, 92c.
Hostillement. — Rabelais, I, 112.
Hugrement. — Rabelais, I, 275.
Huitrement. — 1575. Jamyn, 107b.
Huittiememant [1552. Peletier]. — 1554. Peletier. Aritmetique,
   205.
Humainement [xiie s.]. — Rabelais, I, 102. — Le Maire, II,
   105. — 1540. Amadis, I, ã iiib. — 1553. Ronsard. — Amyot, I.
   — I. Papon, Second Notaire, 379.
Humblement [xie s.]. — Rabelais, I, 320. — Le Maire, I, 190;
   III, 17. — Marot, I, 77. — 1540. Amadis, I, ã iiib.
Humidement [1558]. — 1587. Fonteny, 9b.
Hyperboliquement [xvie s. Calvin]. — 1585. Thevenin, dans Du
   Bartas, 362.
Hypocritement [1611. Cotgrave].

Hypocriticquement. — Rabelais, II, 496.

Hypocritiquement. — 1574. Belle-Forest.

Ialousement [xiiie s.]. — 1553. Iodelle, dans Ronsard. — 1554. Le Caron, 35. — 1554. Magny. Gayetez. — I. de La Peruse, 100. — 1599. Lasphrise, 269.

Iaulnement. — 1611. Cotgrave.

Iaunement. — 1553. Ronsard. — 1554. Tahureau, I, 9.

Idealement. — 1551. Leon Hebrieu. II, 322.

Id**e**n*tiquement* [xviie-xviiie s.]. — 1574. Belle-Forest, 199.

Ieunement. — Belleau. — Iodelle. — P. de Brach. — Brantôme, IX, 578.

Ignominieusement [xiv-xve s.]. — Rabelais, II, 121. — 1540. Amadis, I, 142b. — 1549. Ant. Du Moulin, dans Le Maire, IV, 5. — 1550. L'Orloge des Princes, 175. — I. Papon, Second Notaire, 307. — Montaigne, I, 6.

Ignoramment [xiiie s.]. — Le Maire, I, 294. — 1546. R. Estienne. — Amyot, II, 483. — I. Papon, Premier Notaire, 45. — Montaigne, I, 434.

Ignorantement. — 1531. Le Peregrin, 104. — 1554. Magny. Gayetez.

Ignoremment. — P. de Brach.

Illegitimement [xve s.]. — I. Papon, Premier Notaire, 507. — 1573. Du Preau, 227. — Montaigne, III, 378.

Illiberalement. — 1550. Ch. de S. Marthe, dans Heptaméron, I, 90.

Illicitement [1570]. — Hypnerotomachie, éd. 1554, 134. — 1574. Belle-Forest, 478. — Montaigne, IV, 103. — 1586. Lambert, 278.

Illustrement. — Rabelais, II, 55. — 1553. Des Autelz, B 6. — Pontus de Tyard, 227.

Imaginairement. — 1557. Tyard, 31.

Imbecillement [1542. E. Dolet]. — 1611. Cotgrave.

Immaturement. — 1535. Le Peregrin, 26. — Helisenne de Crenne, GG 2b.

Immatureement. — Helisenne de Crenne, B 2b.

Immediatement [1537]. — 1538. R. Estienne, 588. — I. Papon, Premier Notaire, 79. — Montaigne, IV, 74. — 1585. Thevenin, dans Du Bartas, 214.

Immemorialement. — I. Papon, Second Notaire, 51.

Immisericordieusement. — 1611. Cotgrave.

Immobilement [xve s.]. — Le Maire, II, 110. — 1544, dans
   S. Berger. La Bible au xvie siècle, 41.
Immodereement. — Amyot, II, 667b.
Immoderement [xiiie-xive s.]. — 1551. L. Le Roy. Isocrates,
   75b. — 1585. Thevenin, dans Du Bartas, 296. — Montaigne,
   II, 284.
Immodestement [1549. R. Estienne]. — 1551. Des Autelz, 26.
Immortellement [xve s.]. — Le Maire, IV, 225. — 1553. Magny.
   — 1554. Le Caron, 8. — Pontus de Tyard, 84.
Immuablement [xvie s. Amyot]. — 1554. Le Caron, 155. —
   Amyot. — 1589. S. Goulart, dans Du Bartas, 87.
Imparfaictement. — I. Papon, Second Notaire, 83.
Imparfaitement [1372]. — 1551. Leon Hebrieu. II, 26. — 1593.
   Du Bartas. Iudit, 79.
Imparfettemant. — 1554. Peletier. Algebre, 3.
Impassiblement [Néologisme]. — 1551. Leon Hebrieu (Tyard).
   II, 89.
Impatiemment [xive s.]. — Le Maire, II, 114. — 1538. R. Es-
   tienne, 393. — 1554. Le Caron, 62. — Amyot, II. — Mon-
   taigne, I, 10.
Imperativement [1584. Thevet].
Imperceptiblement [xive s.]. — Montaigne, I, 112.
Imperfaitement. — 1555. Billon, 151b.
Imperieusement [1512. J. Le Maire]. — Le Maire, I, 165. —
   1534. Thucydide, 44b. — Amyot, II. — Montaigne, I, 112.
Imperitement. — I. Papon, Second Notaire, 82. — 1611. Cot-
   grave.
Impersonnellement [xve s.]. — 1611. Cotgrave.
Impertinemment [xive-xve s.]. — 1549. Macault, 329. — Amyot,
   II, 508b. — Montaigne, III, 382. — Brantôme, III, 307.
Impetueusement [xive s.]. — Rabelais, II, 488. — Le Maire,
   I, 229. — 1540. Amadis, I, 32b. — Amyot, II. — 1573. Du
   Preau, 103.
Impiement. — 1585. Thevenin, dans Du Bartas, 24.
Impiteusement. — I. de la Peruse, 49.
Impitoyablement [1658]. — 1573. Du Preau, 25.
Implicitement [xvie s. Calvin]. — Somme des pechez, 30,
   éd. 1595.
Impolluement. — Brantôme, IX, 631.
Importamment. — 1611. Cotgrave.
Importunement [xiiie s.]. — Rabelais, II, 146. — 1527. Seneque,

g vii. — Amyot, II. — I. Papon, Second Notaire, 88. — Montaigne, I, 112.

Impossiblement. — 1557. Tyard, 22.

Impremeditement. — Montaigne, III, 41.

Improportionnément. — 1551. Leon Hebrieu (Tyard). I, 117.

Impropremant. — 1554. Peletier. Aritmetique, 101.

Improprement [xive s.]. — Rabelais, II, 47. — I. Papon, Second Notaire, 98. — Montaigne, II, 39. — 1589. Du Bartas, 323.

Imprudemment [1539. R. Estienne]. — 1508, dans Montaiglon, VI, 120. — 1538. R. Estienne, 358. — Montaigne, I, 44.

Imprudentement. — Rabelais, II, 344 (éd. Janet).

Impudemment [1461]. — Marot, I, 248. — 1550. Ch. de S. Marthe, dans Heptaméron, I, 60. — 1553. Des Autelz, a 7b. — Amyot, II. — I. Papon, Premier Notaire, 25. — Montaigne, III, 362.

Impudentement. — Rabelais, III, 216. — I. Papon, Premier Notaire, 691. — 1589. Du Bartas, 323.

Impudiquement [xive s.]. — 1538. R. Estienne, 544. — 1555. Tahureau, II, 130. — I. Papon, Premier Notaire, 500. — — 1586. Lambert, 325b.

Impuissamment. — 1611. Cotgrave.

Impunement [1642]. — 1554. Le Caron, 95b. — I. Papon, Second Notaire, 430. — 1573. Du Preau, 27.

Impuniment [1564. J. Thierry, Dictionnaire français-latin]. — I. Du Bellay. — 1554. Ronsard. — 1573. Du Preau, 9.

Impurement [1611. Cotgrave]. — 1576. Polydore Vergile, 490.

Inadvertamment. — Montaigne, I, 435. — Brantôme, II, 192.

Inadvertement. — 1540. Amadis, I, 35.

Inapointablement. — 1557. Tyard, 18.

Incautement. — Rabelais, III, 93.

Incertainement [1539. R. Estienne]. — 1538. R. Estienne, 136. — Amyot, II. — I. Papon, Premier Notaire, 192. — Montaigne, II, 66.

Incerteinement. — 1557. Tyard, 56.

Incessamment [1358]. — Rabelais, II, 353. — Le Maire, III, 113. — Marot, I, 110. — 1540. Amadis, I, 3. — Montaigne, III, 131.

Incestement. — Baïf.

Incestueusement [xve-xvie s. Fossetier]. — Le Maire, I, 194.

Incidammant. — 1554. Peletier. Algebre, 2, 105.

Incidemment [1310]. — I. Papon, Premier Notaire, 185. —
1588. Vigenere, Le Psaultier, 4.
Incivilement [1462]. — I. Papon, Troisième Notaire, 67. —
Montaigne, III, 378.
Inclusivement [xvᵉ-xviᵉ s. J. Le Maire]. — Le Maire, III, 244.
— I. Papon, Second Notaire, 123.
Incommodeement [1549. R. Estienne]. — Montaigne, I, 37.
Incommutablement [1546].
Incomparablement [xiiᵉ-xiiiᵉ s.]. — Rabelais, II, 97. — Le
Maire, IV, 17. — 1554. Le Caron, 60.
Incompatiblement. — 1557. Tyard, 64.
Iɴᴄoᴍ*petemment* [1579]. — I. Papon, Second Notaire, 52.
Inconcussement. — I. Papon, Second Notaire, 137.
Incongnuement. — Le Maire, I, 224.
Incongruement [xivᵉ s.]. — 1557. A. Du Saix, D iiᵇ.
Inconseillement. — 1531. Le Peregrin, 94.
Inconsideramment. — 1535. Le Peregrin, 38. — I. Papon, Pre-
mier Notaire, 391. — 1573. Du Preau, 67.
Inconsidereement [1504. J. Le Maire]. — Le Maire, IV, 80. —
— 1546. R. Estienne.
Inconsiderement. — 1544. Amadis, V, 76ᵇ. — Amyot, II. — 1574.
Belle-Forest. — Montaigne, I, 384.
Inconsolablement [xvᵉ-xviᵉ s. E. de Medicis]. — Le Maire, II,
18. — 153.. Helisenne de Crenne, B 6ᵇ. — 1554. Le Caron, 61.
Inconstamment [1520. Fabri]. — ? 1530, dans Montaiglon-
Rothschild, XI, 224. — 1538. R. Estienne, 358. — 1553.
Magny. — Amyot, II. — Montaigne, IV, 35.
Inconsultement. — I. Papon, Second Notaire, 86.
Incontinemment. — 1538. R. Estienne, 358.
Iɴᴄoʀʀᴇᴄᴛᴇᴍᴇɴᴛ [1570]. — 1538. R. Estienne, 445. — I. Papon,
Premier Notaire, 81.
Iɴᴄoʀ*rigiblement* [1788]. — 1557. Tyard, 22.
Incrediblement. — 1538. R. Estienne, 359.
Incroyablement [xvᵉ-xviᵉ s.]. — 1557. Tyard, 85. — Iodelle. —
1585. Thevenin, dans Du Bartas, 165.
Incurieusement. — Montaigne, III, 163.
Iɴᴅᴇ*cemment* [1611. Cotgrave]. — Montaigne, I, 111; II, 45.
Indecentement [1537. Saliat]. — 1546. R. Estienne. — I. Papon,
Second Notaire, 46.
Iɴᴅᴇ*finiment* [xviiᵉ s.]. — I. Papon, Premier Notaire, 523.
Indeleblement. — Pontus de Tyard, 113.

Indeterminement. — I. Papon, Premier Notaire, 440.

Indeuement. — 1527. Seneque, n vii. — I. Papon, Premier Notaire, 74. — Montaigne, III, 400.

Indiciblement. — 1547. Marguerites, I, 135.

Indiferentement. — Rabelais, II, 490.

Indifferammant. — 1554. Peletier. Algebre, 120.

Indifferemment [xiiie-xive s.]. — 1538. R. Estienne, 362. — 1554. Le Caron, 58. — 1555. Ronsard. — Amyot, II. — I. Papon, Premier Notaire, 103. — Montaigne, I, 16.

Indifferentement. — Rabelais, I, 167.

Indignement [xiie-xiiie s.]. — Baïf, I, 1. — Amyot, II. — I. Papon, Premier Notaire, B 4b. — 1573. Du Preau, 117.

Indirectement [1507]. — Le Maire, III, 240. — 1527. Seneque, m v. — I. Papon, Second Notaire, 190.

Indiscretement [xive s.]. — Marot, II, 41. — 1540. Amadis, I, 78. — 1573. Du Preau, 29. — Montaigne, I, 103.

Indisertement. — 1546. R. Estienne.

Indissolublement [1507]. — 1578. Pontus de Tyard, dans Du Verdier, V, 369. — 1585. Thevenin, dans Du Bartas, 574.

Indistinctement [xive s.]. — 1554. Le Caron, 69b. — Montaigne, I, 114.

Individuellement [1694]. — 1551. Leon Hebrieu (Du Parc), Y4.

Indivisement. — I. Papon, Premier Notaire, 70.

Indivisiblement [1611. Cotgrave].

Indoctement. — 1538. R. Estienne, 363.

Indubitablement [xve s.]. — 1540. Amadis, I, 101b. — I. Papon, Premier Notaire, 525. — 1567. Ph. De l'Orme, 119.

Induement = Indeuement [xive s.]. — 1527. Seneque, d ii.

Indulgemment [xvie-xviie s. G. Du Vair]. — 1611. Cotgrave.

Industrieusement [xvie s. Rabelais]. — Rabelais, II, 270. — Le Maire, II, 74. — 1555. Tahureau, II, 132. — Amyot, II. — Montaigne, I, 250.

Ineffablement [xive s.].

Inegalemant. — 1554. Peletier, Algebre, a 5b.

Inegalement [1520]. — I. Papon, Second Notaire, 333. — 1585. Thevenin, dans Du Bartas, 365.

Inegualement. — 1538. R. Estienne, 353.

Inelegamment. — 1546. R. Estienne.

Inenarrablement. — 1547. Marguerites, I, 18.

Ineptement [1380]. — 1546. R. Estienne. — I. Papon, Second

Notaire, 332. — Montaigne, I, 176. — Le Caron. Pandectes, 161, éd. 1596.

INESPEREMENT [XVIᵉ s. Amyot]. — 1545. Amadis, VI, 10. — Amyot. — 1573. Du Preau, 34. — Montaigne, I, 153.

Inevitablement [xvᵉ s.]. — 1560. M. de Saint-Gelays, III, 179. — Montaigne, I, 53.

Inexcusablement. — 1611. Cotgrave.

Inexplicablement. — 1554. Le Caron, 157.

Inextinguiblement. — Bouchet, Serées, V, 129.

Infailliblement. — Rabelais, II, 219 (éd. Janet). — Le Maire, IV, 61. — Montaigne, II, 182.

Infailliment. — Rabelais, I, 527 (éd. Janet).

Infalliblement [xvᵉ s.]. — Rabelais, II, 459. — Le Maire, I, 326. — 1552. Amadis, X, 21. — I. Papon, Premier Notaire, 199. — Du Preau, 342.

Infamement. — 1553. Ronsard. — Brantôme, I, 167.

Infatigablement [xivᵉ s.]. — Rabelais, I, 24. — 1557. Tyard, 43.

Infatiguablement. — Rabelais, II, 257.

Infelicement. — 1535. Le Peregrin, 30b. — Helisenne de Crenne, C 4.

Infernalement [xvᵉ s.].

Infidellement [xvᵉ s.]. — 1554. Tahureau, II, 33.

INFINIEMENT [1539. R. Estienne]. — 1527. Seneque, g viii. — 1538. R. Estienne, 369. — Amyot, II. — 1574. Belle-Forest. — Montaigne, II, 238.

Infiniment. — Rabelais, II, 36. — 1589. Du Bartas, 548. — Montaigne, I, 53.

Inflexiblement [xvᵉ-xviᵉ s. Fossetier].

Infortunément. — 1611. Cotgrave.

Infructueusement [xvᵉ-xviᵉ s. Fossetier]. — 1528. Gringoire.

Infusement. — 1554. Le Caron, 52b.

Ingenieusement [1488]. — Rabelais, II, 390. — 1538. R. Estienne, 371. — 1554. Le Caron, 137b. — Amyot, II. — I. Papon, Second Notaire, 87. — Montaigne, I, 217.

INGENuement [xviᵉ s. Montaigne]. — 1554. Le Caron, 51. — Montaigne, II, 310.

Ingratement [xvᵉ-xviᵉ s. Fossetier]. — 1538. R. Estienne, 372. — 1554. Magny, Gayetez. — 1554. Tahureau, II, 45. — I. Papon, Second Notaire, 93. — 1589. Du Bartas, 272.

Inhabilement. — 1611. Cotgrave.

Inhonnestement. — 1611. Cotgrave.

Inhumainement [xive s.]. — Le Maire, III, 384. — 1538. R. Estienne, 373. — 1540. Amadis, I, 18. — I. Papon, Second Notaire, 387. — Montaigne, II, 51.

Iniquement [xive s.]. — Rabelais, II, 225. — Le Maire, II, 105. — 1554. Le Caron, 37b. — Pontus de Tyard, 238. — Montaigne, I, 16.

Injurieusement [1333]. — Le Maire, II, 142. — 1527. Seneque bv. — Amyot, II. — I. Papon, Second Notaire, 43. — Montaigne, I, 124.

Injustement [xiiie s.]. — Rabelais, II, 317 (éd. Janet). — Le Maire, II, 96. — Marot, II, 41. — 1540. Amadis, I, 141b. — Amyot, I. — I. Papon, Premier Notaire, 175. — Montaigne, II, 352.

Innoçammant. — 1584. Montaigne, IV, 331.

Innocemment [1539. R. Estienne]. — 1538. R. Estienne, 375. — 1553. Des Autelz, B 4b. — Baïf, I, 216. — 1574. Belle-Forest.

Innocentement [xive s.]. — Ronsard.

Innombrablement [xve s.].

Innumerablement. — 1551. Leon Hebrieu. II, 185.

Inopineement. — 1530. Diodore, 8b. — 1588. Vigenere. Le Psaultier, ã iij.

Inopinement. — [1564. J. Thierry. Dict. franç.-lat.] — 1549. Rabelais, III, 396. — 1554. Le Caron, 448. — I. Papon, Second Notaire, 112. — Montaigne, III, 408.

Inopportunement. — 1548. Amadis, VIII. — Montaigne, I, 114.

Inordonneement. — 1539. Therence, 230d. — 1551. Leon Hebrieu, I, 208.

Inperceptiblement = Imperceptiblement. — Rabelais, III, 227.

Inquietement. — 1611. Cotgrave.

Insatiablement [xvie s. Amyot]. — Le Maire, II, 105. — 1546. R. Estienne. — 1551. Leon Hebrieu. I, 45.

Insciemment [1558]. — 1548. Amadis, VIII, 94. — 1553. Amadis, IX, titre. — 1554. Le Caron, 20.

Insensiblement [xiiie-xive s.]. — 1571. G. Le Fevre. Encyclie, 101. — Montaigne, I, 192.

Inseparablement [xive s.]. — Le Maire, I, 178. — 1547. Marguerites, III, 139. — 1555. Billon, 152. — Montaigne, I, 141.

Insidieusement [xve-xvie s. J. Le Maire]. — Le Maire, IV, 28. — 1554. Le Caron, 74.

Insignement. — (1544). Delie, 21. — 1577. Bolsec, 57.

Insolamment. — Montaigne, IV, 76.

Insolemment [xɪvᵉ s.]. — 1573. Du Preau, 415. — Montaigne, III, 138. — 1587. Olenix du Mont-Sacré, 56.

Insolentement. — 1550. Ch. de S. Marthe, dans Heptaméron, I, 60. — Amyot, II.

Insolidement. — 1611. Cotgrave.

Insollemment. — Brantôme, VI, 487.

Insperément = Inespererément. — 1611. Cotgrave.

Instablement. — 1611. Cotgrave.

Instamment [1378]. — Le Maire, II, 214. — 1540. Amadis, I, 2ᵇ. — Amyot, II.

Instantement. — Rabelais, II, 9, 162.

Insuffisamment [1391]. — 1611. Cotgrave.

Insupportablement [1479]. — 1557. Tyard, 106. — Montaigne, I, 323.

Integralement [1550].

Iɴᴛᴇʟʟᴇᴄ*tuellement* [1570]. — 1551. Leon Hebrieu, II, 137. — Montaigne, IV, 270.

Intelligiblement [1521. Fabri]. — 1573. Du Preau, 243.

Intemperamment. — Rabelais, II, 150. — 1599. Lasphrise, 618.

Intemperément. — 1557. Tyard, 71.

Intempestivement [xvɪᵉ s. Paré]. — 1611. Cotgrave.

Intensivement [xɪvᵉ s.]. — 1551. Leon Hebrieu, II, 220.

Intentement. — Rabelais, I, 315.

Intentivement. — (1544). Delie, 282. — 1551. Leon Hebrieu, II, 42.

Interieurement [xvᵉ s.]. — 1540. Amadis, I, 3. — 1588. Vigenere. Le Psaultier, 289ᵇ.

Interiorement. — Rabelais, I, 42.

Internément. — 1611. Cotgrave.

Interpretativement. — Somme des pechez, 678, édit. 1595.

Iɴᴛɪ*mement* [1611. Cotgrave]. — 1551. Leon Hebrieu, II, 84.

Intolerablement [1549. R. Estienne]. — 1551. Leon Hebrieu, I, 97.

Intrinqueement. — 1538. R. Estienne, 347.

Intrinsequement [xvɪᵉ s. Mart. Du Bellay]. — 1611. Cotgrave.

Intriquément = Intrinqueement. — 1611. Cotgrave.

Intuitivement [1599].

Inutilement [1433]. — Le Maire, I, 235. — Amyot, II. — I. Papon, Premier Notaire, 154. — Montaigne, I, 133.

Invariablement [xɪvᵉ s.]. — 1557, Tyard, 30. — 1585. Thevenin,

dans Du Bartas, 382. — 1588. Vigenere. Le Psaultier, 240.
Invinciblement [xve s.]. — 1535. Le Peregrin, 9. — 1599. Las-
    phrise, 372.
Inviolablement [1371]. — Rabelais, I, 117. — **Le Maire, II,**
    164. — 1554. Le Caron, 15b. — 1555. Billon, 58b.
Inviolamment. — Brantôme, IV, 158.
Invisiblement [xiie-xiiie s.]. — Rabelais, II, 302. — Le Maire,
    II, 167. — 1531. Le Peregrin, 91b. — 1552. Amadis, X, 56.
Involontairement [xive s.].
Joieusement = Joyeusement. — Marguerite de Navarre. Der-
    nières Poésies, 75. — 1554. Le Caron, 91b.
Joinctement. — Montaigne, IV, 169.
Joliement [xiiie s.]. — 1554. Amadis, XI, 70b. — Amyot, II, 29.
Joliment. — 1538. R. Estienne, 414.
Jollyment. — 1577. Bolsec, 67.
Journalierement. — 1554. Le Caron, 14.
Journellement [1473]. — Rabelais, II, 52. — Le Maire, II, 156.
    — Marot, I, 161. — 1552. Amadis, X, 39. — 1553. Ronsard.
    — I. Papon, Premier Notaire, 95. — Montaigne, II, 203.
Joyeusement [xiie s.]. — Rabelais, I, 16. — Le Maire, I, 226.
    — 1542. Amadis, III, 62. — 1542. Corrozet, 214. — 1554. Le
    Caron, 91b. — Amyot, II. — Montaigne, III, 124.
Ireusement. — 1567, dans Montaiglon, VII, 134.
Ironiquement [xve s.].
Irreconciliablement [xvie-xviie s. Du Perron].
Irrefragablement. — 1574. Breslay, dans Du Verdier, V, 248.
Irregulierement [xive s.]. — 1611. Cotgrave.
Irreligieusement [xve-xvie s. Fossetier]. — Montaigne, II, 154.
Irremediablement [xve s.]. — 1611. Cotgrave.
Irremissiblement [1521. Fabri]. — 1611. Cotgrave.
Irreparablement [1370]. — 1611. Cotgrave.
Irreprehensiblement [1611. Cotgrave]. — 1535. Le Peregrin, 47.
Irreposement. — 1535. Le Peregrin, 83.
Irresolument [xvie s. Montaigne].
Irreveramment. — Le Maire, III, 384. — Marot, I, 246.
Irreveremment [xive-xve s.]. — 1538. R. Estienne, 399. — 1542.
    Amadis, III, 79b.
Irrevocablement [1266]. — Le Maire, IV, 30. — I. Papon, Pre-
    mier Notaire, 193. — Montaigne, II, 100.
Isnellement. — 1583. Virgile, 65b.
Iterativement [xvie s. Mart. Du Bellay].

Iucundement. — 1584. Horace, Odes, 87.
Judiciairement [1453]. — 1538. R. Estienne, 38.
Iudiciellement. — I. Papon, Second Notaire, 173. — Amyot, II.
Judicieusement [1611. Cotgrave].
Juridicquement. — Rabelais, II, 180.
Juridiquement [1488]. — 1555. Billon, 204. — Somme des pechez, 36, édit. 1595.
Iurisdictionnellement. — I. Papon. Premier Notaire, 35.
Jurisdiquement. — 1535. Le Peregrin, 57.
Justement [xIIe s.]. — Rabelais, I, 265. — Le Maire, I, 58; III, 238. — Marot, I, 107. — 1540. Amadis, I, 40b. — Amyot, I. — I. Papon, Premier Notaire, 730. — Montaigne, I, 118.
Justificantement. — 1535. Le Peregrin, 60b.
Juvenilement. — 1611. Cotgrave.
Laborieusemant. — 1554. Peletier, Algebre, 127.
Laborieusement [xIVe s.]. — 1537. A. Du Saix, B 4b. — Montaigne, II, 109.
Labourieusement. — 1546. M. de S. Gelays, IV, 273.
Lachement. — 1543. François Ier, dans Du Verdier, III, 592.
Lachrimeusement. — 1535. Le Peregrin, 8.
Laconiquement [xvIe s. B. Des Periers]. — I. Papon, Troisième Notaire, 48, édit. 1583.
Laidement [xIe s.]. — 1538. R. Estienne, 299. — Amyot, II.
Lamentablement [xve s.]. — Rabelais, II, 121. — Le Maire, I, 158. — Marot, II, 260.
Langoureusement [xIVe-xve s.]. — 1565. Calepinus. — 1585. Thevenin, dans Du Bartas, 126.
LANGUIS*samment* [1573. Pontus de Tyard]. — 1557. Tyard, 151. — Pontus de Tyard, 153, 194.
Larcinement. — 1553. Des Autelz, C 5b.
Largement [xIIe-xIIIe s.]. — Rabelais, II, 68. — Marot, II, 78. — 1540. Amadis, I, 110. — 1555. Ronsard. — Amyot, II. — Montaigne, I, 183.
Larmoyamment. — 1553. Pontus de Tyard, dans Des Autelz, b iij.
Larrecineusement. — 1611. Cotgrave.
Laschement [xIIe s.]. — Rabelais, I, 146. — Le Maire, III, 153. — 1540. Amadis, I, 9. — Amyot, I. — Montaigne, II, 6.
LASCIV*ement* [xvIe s. Montaigne]. — 1554. Tahureau, I, 78. — 1567, dans Montaiglon, VII, 131. — Pontus de Tyard, 154. — Montaigne, II, 396.
Lassivement. — Baïf, II, 105.

Latemment. — 1551. Lon Hebrieu, II, 297.

Latentement. — 1611. Cotgrave.

Lateralemant. — 1554. Peletier, Aritmetique, 127.

Lateralement [1521]. — 1567. Ph. de l'Orme, 16ᵇ.

Latinement. — 1551. Cottereau, *trad.* de Columelle, ā 8.

Latrialement. — Rabelais, I, 242.

Léalement. — 1530, dans Montaiglon-Rothschild, XI, 98.

Legalement [xivᵉ s.].

Legement. — Le Caron, Pandectes, 165, édit. 1596.

Legerement. — Le Maire, II, 263; III, 356. — Marot, III, 85. — 1540. Amadis, I, 50. — Amyot, II. — Montaigne, I, 112.

Leggiadrement. — Henri Estienne, dans L. Clément, 348.

Legierement [xiiᵉ s.]. — Rabelais, I, 177. — 1527. Seneque, b vij. — 1540. Amadis, I, 5.

Legitimement [xvᵉ s.]. — Le Maire, I, 197. — 1554. Le Caron, 153. — I. Papon, Premier Notaire, 91. — Montaigne, I, 136.

Lentement [xiiᵉ s.]. — Rabelais, I, 90. — Marot, III, 184. — 1540. Amadis, I, 96. — 1553. Ronsard.

Lestement [1611. Cotgrave].

Libentissimement. — Rabelais, I, 231 (éd. Janet).

Libentissiment. — Rabelais, I, 242.

Liberalement [xiiiᵉ s.]. — Rabelais, I, 184. — Le Maire, I, 187. — 1540. Amadis, I, 109ᵇ. — Amyot, II. — I. Papon, Premier Notaire, 248. — Montaigne, I, 309.

Liberallement. — 1542. Amadis, III, 88ᵇ. — 1550. L'Orloge des Princes, 125. — Montaigne, I, 347.

Liberement. — 1537. A. Du Saix, F 7. — 1541. Amadis, II, 73.

Librement [1339]. — Rabelais, II, 13. — Marot, III, 212. — 1540. Amadis, I, 2ᵇ. — 1555. Ronsard. — Amyot, II. — I. Papon, Premier Notaire, 730. — Montaigne, I, 50.

Licencieusement [xviᵉ s. Calvin]. — 1586. Lambert, 325ᵇ.

Licentieusement. — Amyot, I. — Montaigne, IV, 239.

Licitement [1381]. — Le Maire, IV, 492. — Iodelle.

Liément. — 1611. Cotgrave.

Ligement. — Le Caron, Pandectes, 169, édit. 1596.

Lɪᴛᴇ*ralement* [1577]. — 1551. Leon Hebrieu, II, 230. — 1574. Bellé-Forest, I, 296. — Somme des pechez, 105, édit. 1595.

Localement [xivᵉ s.]. — 1611. Cotgrave.

Logicalement. — Rabelais, II, 96.

Loingnettement. — 1611. Cotgrave.

Loingtainement. — 1599. Lasphrise, 187.

Longuement [xie s.]. — Rabelais, I, 19. — Le Maire, I, 264.
Marot, I, 21. — 1540. Amadis, I, 1b. — Amyot, I. — I. Papon, Premier Notaire, 692. — Montaigne, I, 8.

Longuetement. — Vers 1525, dans Montaiglon-Rothschild, X, 220.

Longuettement. — 1554. Tahureau, I, 40. — 1587. Fonteny, 9b.

Lordement. — Rabelais, I, 80.

Louablement [1404]. — Rabelais, I, 255. — Le Maire, I, 6. — 1527. Seneque, n vi. — Somme des pechez, 667, édit. 1595.

Louchement. — 1599. Lasphrise, b ij.

Lourdement [xive s.]. — Rabelais, II, 476. — Le Maire, III, 254. — Marot, I, 62. — 1540. Amadis, I, 18b. — 1554. Tahureau, I, 82. — Amyot, II. — Montaigne, I, 47.

Louvichement. — 1611. Cotgrave.

Loyalement [xiie s.]. — 1540. Amadis, I, 88b. — Montaigne, I, 311.

Loyallement. — 1541. Amadis, II, 13. — Montaigne, I, 37.

Loyaulment. — Marot, II, 186. — 1527. Seneque, e vi. — 1540. Amadis, I, 72b.

Loyaument. — Marot, I, 83. — 1540. Amadis, I, 8b. — I. Papon, Premier Notaire, 730. — Somme des pechez, 690, édit. 1595.

Lubriquement [xive s.]. — I. Papon, Second Notaire, 390. — 1611. Cotgrave.

Lucidement [xve s.].

Luctueusement. — Brantôme, IX, 645.

Luculemment. — 1585. Thevenin, dans Du Bartas, 124.

Luisamment. — 1554. Le Caron, 2, 129. — Baïf. — Iodelle. — Pontus de Tyard, 58.

Luisantement. — 1550. Ronsard. — Du Bartas, dans Pellissier, 160.

Lumineusement. — 1557. Tyard, 35.

Lustrement. — 1554. Le Caron, 162b.

Luxurieusement [xiiie s.]. — I. Papon, Troisième Notaire, 28, édit. 1583. — Somme des pechez, 691, édit. 1595.

Luysamment = Luisamment. — 1553. Des Autelz, a 4.

Lyonneusement. — Marot, I, 156.

Lyriquement. 1555. Billon, 224b.

Magestativement = Majestativement. — 1585. Thevenin, dans
Du Bartas, 283.

Magificquement. — 1540. Amadis, I, 104.

Magistralement [xive-xve s.]. — Rabelais, II, 438. — Montaigne, I, 71.

Magistrallement. — Le Maire, I, 319. — 1540. Virgile, I, 26 a.

Magistronostralement. — Rabelais, II, 63.

Magnanimement [xve-xvie s. J. Le Maire]. — Rabelais, I,
179. — Le Maire, IV, 494. — 1550. Ch. de S. Marthe, dans
Heptaméron, I, 94. — 1552. Amadis, X, 46b. — Amyot, II,
486.

Magnificquement. — Rabelais, II, 87. — 1540. Amadis, I, 14.
— Amyot, II, 368b.

Magnifiquement [xve s.]. — Le Maire, III, 290. — Marot, IV,
94. — 1541. Amadis, II, 3. — Amyot, II. — Montaigne, I, 153.

Majestativement. — 1583. Thevenin, dans Du Bartas, 651.

Maigrement [xiiie s.]. — Rabelais, I, 123. — Marot, III, 22.
— 1553. Muret, dans Ronsard. — Montaigne, I, 322.

Maistrement = Magistralement. — 1611. Cotgrave.

Mal aiseement. — Amyot, II. — 1588. Vigenere, 49.

Mal aisément [1539. R. Estienne]. — 1538. R. Estienne, 217.
— 1541. Amadis, II, 10b. — I. Papon, Premier Notaire, 535.
— Montaigne, II, 103.

Mal avisément. — Baïf.

Mal aysément. — 1540. Amadis, I, 22. — Baïf, I, 8. — 1531,
Le Peregrin, 15. — Montaigne, I, 31.

Mal convenablement. — 1546. R. Estienne.

Mal gracieusement [1403]. — Le Maire, III, 125. — 1542. Amadis, 28b.

Mal heureusement [xive s.]. — Le Maire, I, 324. — Marot, IV,
69. — 1540. Amadis, I, 98.

Mal patiemment. — 1538. R. Estienne, 14.

Mal plaisamment. — Amyot, II, 371b. — 1599. Lasphrise, 395.

Mal proprement [1549. R. Estienne]. — 1538. R. Estienne,
608.

Malement [xie s.]. — 1527. Seneque, e i. — 1542. Corrozet, 20.
— 1554. Magny, Gayetez. — Amyot, II.

Malicieusement [xiie s.]. — Rabelais, II, 284. — Le Maire, I,

188. — 1538. R. Estienne, 436. — I. Papon, Second Notaire, 220. — Montaigne, III, 114.

MALIgnement [1549. R. Estienne]. — 1531. Le Peregrin, 15. — Rabelais, I, 175. — Montaigne, I, 112.

Malitieusement. — Montaigne, I, 292. — Somme des pechez, 675, édit. 1595.

Mallement = Malement. — 1546. Amadis, VII, 109. — Iodelle. — 1587. Fonteny, 30[b].

Mammallement. — Rabelais, I, 30.

Manifestement [XIIe-XIIIe s.]. — Rabelais, I, 42. — Le Maire, III, 356. — 1540. Amadis, I, 50[b]. — Amyot, I. — I. Papon, Premier Notaire, 731. — Montaigne, II, 207.

Mansuetement. — 1611. Cotgrave.

Manuellement [1334]. — Rabelais, III, 178. — 1567. Ph. De l'Orme, 112[b]. — 1573. Du Preau, 49.

Marchandement. — Le Maire, III, 221.

Martiallement. — Rabelais, III, 151.

Martyrément. — 1611. Cotgrave.

MASSIvement [1690]. — 1584. Du Monin, Uranologie, 19[b].

Màteriellement [XIIIe-XIVe s.]. — 1551. Leon Hebrieu, II, 23. — I. Papon, Premier Notaire, 84. — Montaigne, III, 364.

Maternellement [XIVe s.]. — Le Maire, I, 328. — 1531. Le Peregrin, 110[b]. — Montaigne, I, 199.

MATHEMatiquement [1557]. — 1552. G. de La Perriere, dans *Revue d'hist. littér. de la France*, VII (1900), 298.

Maturement. — 1508. Dans Montaiglon, VI, 121. — 1531. Le Peregrin, 31.

Mauditement. — Amyot, II, 11[b].

Maugracieusement. — 1611. Cotgrave.

Maulsadement [1530. Palsgrave]. — 1538. R. Estienne, 339.

Maulvaisement. — 1527. Seneque, k v. — 1538. R. Estienne, 435.

Mauplaisamment. — 1538. R. Estienne, 374.

Mausadement. — 1538. R. Estienne, 86.

Mauvaisement. — Le Maire, IV, 148. — 1538. R. Estienne, 542. — 1550. L'Orloge des Princes, 176. — I. Papon, Second Notaire, 142.

Maximement. — 1556. La Boutiere, *Suetone*, 240.

Mechaniquement [xve s.]. — 1547. Vitruve, 135. — 1589. Du Bartas, 248.

Mechantement = Meschantement. — 1555. Ronsard. — P. de Brach.

Mediatement [1546]. — I. Papon, Premier Notaire, 77.

Medicinalement [xive s.]. — Joubert, 169.

Mediocremant. — 1554. Peletier, Algebre, a 7.

MEDIO*crement* [xvie s. Paré]. — 1546. R. Estienne, 772. — 9 nov. 1548. A. Du Moulin, dans *Revue d'hist. littér.,* III (1896), 233. — 8 août 1553. A. de Thou, dans *Heptaméron,* I, 167. — 1559. Sermons funebres es obseques... du... roy Henry II, C j. — Amyot, II, 380. — Montaigne, II, 369.

Meigrement. — 1551. Des Autelz, 18.

Meilleurement. — 1599. Lasphrise, 495.

Melancoliquement [1549. Tagault].

Melencolieusement. — 1531. Le Peregrin, 14^b.

Melliflueusement. — (1512), dans Œuvres poétiques de G. Alexis (1896), I, 281.

Melodieusement [xive s.]. — Rabelais, I, 316. — Le Maire, I, 312. — 1541. Amadis, II, 30.

Memorablement [xve s.]. — 1611. Cotgrave.

Memoriallement. — Rabelais, I, 280.

Mensongerement [xiie s.]. — 1599. La Popeliniere, 412.

Mentalement [xve s.]. — 1511. F. Le Roy, L 8^b. — 1551. Leon Hebrieu, II, 69.

Menteusement. — 1553. Magny.

Menuement. — 1505. Platine, 42^b. — 1538. R. Estienne, 706.

Meprisablement [xiv^e s.].

Mercenairement [xi^e-xvii^e s. Charron].

Merentement. — 1540. Virgile, I, 17 d.

Meriteement. — (1546). M. de Saint-Gelays, III, 270.

Meritement. — 1554. Le Caron, 130^b. — Pontus de Tyard, 160.

Meritoirement [xv^e s.]. — 1531. Le Peregrin, 189. — Amyot, I. — (1570). Montaigne, IV, 297.

Merveilleusement [xi^e s.]. — Rabelais, I, 30. — Le Maire, I, 17. — Marot, IV, 16. — 1540. Amadis, I, 23. — Amyot, II. — Montaigne, I, 6.

Meschamment [xiv^e s.]. — Le Maire, I, 108. — 1540. Amadis, I, 13^b. — Montaigne, IV, 43.

Meschantement. — Rabelais, I, 383. — 1529. G. Tory. Champ fleury, 62^b. — 1542. Amadis, III, 64^b. — (1547). Marguerites, I, 43. — Ronsard. — 1550. L'Orloge des Princes, 205. — J. de La Peruse, 85.

Meslangement. — 1585. Thevenin, dans Du Bartas, 572.

Meslément. — 1611. Cotgrave.

Mesmement [xiie s.]. — Rabelais, I, 16, 26. — Le Maire, III, 30. — Marot, I, 44. — 1540. Amadis, I, 1^b. — Ronsard. — Amyot, I. — Montaigne, III, 136.

Mesnagerement. — 1611. Cotgrave.

Messeamment. — 1538. R. Estienne, 366. — Vauquelin de La Fresnaye.

Mesureement. — 1538. Bocace. *Des nobles maleureux*, 220 a.

Mesurement. — Montaigne, I, 182.

Metaphoricquement. Metaphoriquement [xve-xvie s. Fossetier]. — Le Maire, IV, 222. — 1551. Leon Hebrieu, II, 14.

Methaforiquement. — (1512), dans Œuvres poétiques de G. Alexis (1896), I, 281.

Method*iquement* [xvie s. Marnix de Sainte-Aldegonde]. — 1568, dans J. Baudrier. *Bibliographie lyonnaise*, IV, 342. — 1568. Fabri. *Cure de peste*, *4. — 1579. A. Paré, dans Du Verdier, III, 60. — 1585. Thevenin, dans Du Bartas, 80.

Methoforiquement = Methaforiquement.

Meurdryerement. — (1544). Delie, 403.

Meurement [xive s.]. — Le Maire, I, 233. — 1542. Amadis, III, 76^b. — Amyot, I.

Meurtrierement. — 1552. Ronsard. — (1554). Magny. *Gayetez.*

Miel*leusement* [xvi^e s. H. Estienne]. — 1553. Ronsard. — 1554. Le Caron, 64^b.

Mignardement [1539. R. Estienne]. — 1538. R. Estienne, 90. — 1553. Denisot, dans Ronsard. — (1554). Magny. *Gayetez.* — (1554). Tahureau, I, 66. — Pontus de Tyard, 106. — 1589. Du Bartas, 406.

Mignonement. Mignonnement. — Rabelais, I, 34, 99. — Le Maire, I, 167. — 1538. R. Estienne, 414. — 1554. Magny. *Gayetez.* — Pontus de Tyard, 69.

Mignottement. — 1549. Macault, 301.

Mɪʟɪᴛᴀɪ*rement* [xvɪɪᵉ s.]. — I. Papon, I, 456.

Mincément. — 1611. Cotgrave.

Ministeriellement [xvᵉ-xvɪᵉ s. J. Bouchet].

Mirablement. — 1540. Virgile, I, 15ᵇ.

Miraculeusement [xɪvᵉ s.]. — Rabelais, II, 441. — Le Maire, III, 206. — Marot, I, 80. — 1540. Amadis, I, 88. — Montaigne, III, 196.

Mirificquement. — Rabelais, II, 342.

Miserablement [xɪvᵉ s.]. — Rabelais, I, 183. — Le Maire, I, 264. — 1540. Amadis, I, 42ᵇ. — Montaigne, I, 155.

Misericordieusement [xɪɪᵉ s.]. — 1534. Les Psaumes, 194ᵇ. — (1547). Peletier, 110.

Mistement. — 151., dans Montaiglon, VIII, 255. — Du Bellay. — 1557. Bugnyon. 5.

Mistiquement. — 1505. Platine, 1 c. — 152.. Le Livre de la Femme Forte, R 7ᵇ. — 1559. La Sainte Bible, I, A 4. — 1576. Belleforest. Polydore Vergile, 575.

Mithologiquement. — 1611. Cotgrave.

Mixtement. — 152.. Le Livre de la Femme Forte, 43ᵇ. — 1545. A. Pierre, 108.

Modereement. — 152.. Le Livre de la Femme Forte, Tᵇ. — 1538. R. Estienne, 701. — Amyot, II. — Montaigne, II, 16.

Moderement [xɪvᵉ s.]. — 1538. R. Estienne, 456. — 1544. Philandre et Passerose, 34. — Papon, II, 145. — Montaigne, I, 309.

Moderentement. — 1540. Virgile, I, 42 a.

Modernement. — 1523. La Parthenice Mariane, a 4.

Modestement [xɪvᵉ s.]. — Rabelais, II, 248. — Le Maire, I, 257. — 1540. Amadis, I, 150ᵇ. — Amyot, II.

Moiennement = Moyennement. — 1527. Seneque, i 4ᵇ. — 1567. Ph. De l'Orme, 9.

Moitement. — Du Bellay. — 1554. Magny. *Gayetez.* — 1554. Tahureau, I, 75. — 1585. Du Bartas, 168.

Moittement. — 1554. Tahureau, I, 49.

Molestement. — Rabelais, I, 65. — 1546. I. Collin. *Herodian,* 10.

Mollement [xɪɪɪᵉ s.]. — Rabelais, II, 101. — 1553. Muret, dans Ronsard. — 1554. Le Caron, 169ᵇ. — Amyot, II. — Papon, I, 197. — Montaigne, II, 80.

Molletement. — Baïf.

Mollettement. — 1554. Tahureau, I, 48. — 1587. Fonteny, 9.

Monacalement. — 1611. Cotgrave.
Mondainement. — 152.. Le Livre de la Femme Forte, M 7.
Mondenement. — 1557. Bugnyon, 32.
Monstrueusement [xive s.]. — 1538. R. Estienne, 459. — 1551.
  Des Autelz, 5. — Montaigne, III, 279.
Moralement [xive s.]. — 152.. Le Livre de la Femme Forte,
  d 6b. — 1551. Leon Hebrieu, I, 177. — 1573. Du Preau, 362.
  — 1574. Belle-Forest.
Morallement. — 1555. Billon, 153.
Mornement. — 1553. Magny. — 1585. Du Bartas, 145. — 1599.
  Lasphrise, 182.
Mortaillablement. — 1611. Cotgrave.
Mortelement. — 1540. Amadis, I, 68.
Mortellement [xiie-xiiie s.]. — Le Maire, III, 6. — Marot, IV,
  49. — 1542. Amadis, III, 65. — Amyot, II. — Montaigne,
  IV, 35.
Mortement. — 1611. Cotgrave.
Moyenemant. — P. de Brach.
Moyennement [xiiie s.]. — Le Maire, III, 187. — 1538.
  R. Estienne, 442. — Amyot, II.
Muablement. — 15... Le grant Vita Xri, IV, 130d. — 1599.
  Lasphrise, 495.
Muliebrement. — 152.. Le Livre de la Femme Forte, a 6b. —
  1611. Cotgrave.
Multiformement. — Le Maire, I, 202.
Munifiquement. — 1554. Le Caron, 37.
Murement. — 1573. Du Preau, 37.
Murmurantement. — 1589. Du Bartas, 523.
Murtrierement = Meurtrierement. — Le Maire, I, 54.
Musicalement [xive s.]. — Rabelais, I, 88. — 1523. La Par-
  thenice Mariane, 10. — 1555. Billon, 105.
Mutinement. — Pontus de Tyard, 118, 189.
Mutuelement. — 1551. Le Roy. *Timee,* 70.
Mutuellement [xvie s. Calvin]. — 1532. A. Du Saix, 3. —
  1559. Aneau. *Emblemes d'Alciat,* 204. — 1554. Le Caron,
  60. — Papon, I, 111.
Myraculeusement. — 1555. Billon, 126b.
Mystaudiquement. — 1611. Cotgrave.
Mysterieusement [1557].
Mysticquement [xve s.]. — Rabelais, II, 70.
Mystiquement. — 1586. Lambert, Kk 8. — 1588. Vigenere, 266b.

Naifvement. — Rabelais, II, 86. — 1541. Amadis, II, 41[b]. — Amyot, II. — Montaigne, II, 197.

Naittement. — 1555. Billon, 139.

Naivement. — 1547. Marguerites, I, 36. — Montaigne, IV, 141.

Napleusement. — 1554. Tahureau, I, 98.

Nativement. — 1554. Le Caron, 9[b].

Naturelement. — Rabelais, II, 97. — 1541. Amadis, II, 18[b].

Naturellement [xii[e] s.]. — Rabelais, I, 42. — Le Maire, IV, 113. — Marot, III, 157. — 1540. Amadis, I, 109. — Amyot, I, II. — Papon, I, 127. — Montaigne, I, 13.

Nayfvement. — Marot, III, 32.

Nayvement [1543. Marot]. — Marot, I, 259. — Amyot, I.

Necessairement [xiii[e] s.]. — Le Maire, III, 402. — 1538. R. Estienne, 471. — 1541. Amadis, II, 36. — Amyot, I. — Papon, I, 189. — Montaigne, I, 141.

Necesseremant. — 1554. Peletier. Aritmetique, 190.

Nectement. — 1505. Platine, 1 c.

Negativement [xiv[e] s.]. — 1578. Joubert, 215.

Negligemment [xii[e]-xiii[e] s.]. — 1538. R. Estienne, 363. — 1540. Amadis, I, 122[b]. — Amyot, II. — Papon, II, 331. — Montaigne, IV, 219. — 1589. Du Bartas, 348.

Negligentement. — Le Maire, IV, 33. — 1539. Therence, 16 c.

Nerveusement [1611. Cotgrave]. — 1583. Thevenin, dans 1585. Du Bartas, 343.

Nesciemment. — Brantôme, II, 348.

Nettement [xii[e]-xiii[e] s.]. — Marot, III, 75. — 1538. R. Estienne, 463. — 1554. Tahureau, II, 67. — Amyot, II. — Montaigne, I, 17. — 1589. Du Bartas, 503.

Neuëment. — 1611. Cotgrave.

Neufviesmement = Neuviememant. — 1525, dans Montaiglon-Rothschild, XIII, 83.

Neutralement [xv[e] s.].

Neutrement [xvi[e] s.].

Neuviememant [1552. Peletier]. — 1554. Peletier. *Aritmetique*, 204.

Niaisement [xvi[e] s. Beroalde de Verville].

Nicement. — Baïf. — Ronsard.

Noblement [xi[e] s.]. — Rabelais, I, 206. — Le Maire, I, 236. — Marot, III, 90. — Amyot, II. — Papon, I, 127. — Montaigne, IV, 274.

Nocierement. — P. de Brach.

Nocturnement. — ? 1510, dans Montaiglon-Rothschild, X, 174.
Noirement. — 1554. Tahureau, II, 10.
Nᴏᴍʙʀᴇᴜ*sement* [1642]. — 1571. G. Le Fevre. Encyclie, 104. — 1590. Descriptio horrendae tempestatis, Cᵇ.
Nommeement [xɪɪᵉ s.]. — Le Maire, III, 301. — 1538. R. Estienne, 479. — Amyot, II. — Montaigne, IV, 179.
Nommément. — 1547. Marguerites, II, 141. — 1554. Le Caron, 49. — Papon, I, 180. — Montaigne, I, 15.
Nompareillement. — 1611. Cotgrave.
Nonchalamment. — Des Portes, 185, éd. 1600. — Montaigne, IV, 150.
Nonchallamment [xvᵉ s.]. — 1538. R. Estienne, 363.
Non ocieusement. — 1531. Le Peregrin, 64.
Non religieusement. — 152.. Le Livre de la Femme Forte, O 7.
Non seulement. — Rabelais, I, 17.
Nopcierement = Nocierement. — 1611. Cotgrave.
Notablement [xɪvᵉ s.]. — Papon, I, 199.
Notamment [xvᵉ s.]. — Rabelais, II, 157. — Amyot, I. — Papon, I, 108. — 1574. Belle-Forest. — Montaigne, I, 109.
Notantement. — 1540. Virgile, I, 25 b.
Notoirement [xɪɪɪᵉ s.]. — Le Maire, III, 301. — Amyot, I. — Papon, I, 147. — Montaigne, II, 336.
Nouveaument. — ? 1530, dans Brunet, II, 1027.
Nouvelement [xɪɪᵉ s.]. — 1540. Amadis, I, 58ᵇ.
Nouvellement. — Rabelais, I, 273. — Le Maire, I, 217. — Marot, II, 85. — 1527. Seneque, 77. — 1540. Amadis, I, *titre.* — Papon, I, 755.
Nuement [xɪvᵉ s.]. — 152.. Le Livre de la Femme Forte, e 2ᵇ. — 1549. J. de Tournes, dans Le Maire, IV, 8. — 1551. Leon Hebrieu, I, 181. — 1554. Le Caron, 76. — Amyot, II. — 1585. Thevenin, dans Du Bartas, 133. — Montaigne, II, 66.
Nuictamment. — 1611. Cotgrave.
Nuisamment. — (1544). Delie, 269.
Nuitamment. — 30 juillet 1596, dans *Bull. de la Soc. d'Hist. de Paris,* XI (1884), 89.
Nuitement [1579].
Nullement [xɪɪɪᵉ s.]. — Rabelais, I, 4. — Le Maire, III, 64. — Marot, I, 77. — 1540. Amadis, I, 16. — Papon, I, 154. — Montaigne, IV, 228.
Nûment. — 1568. Breslay, dans Du Verdier, V, 251.
Obediemment. — 1538. R. Estienne, 487.

Obeissamment. — 1611. Cotgrave.

Objectivement [xve s.].

Oblicquement. — Rabelais, II, 362 (éd. Janet).

Obliquement [1372]. — 152.. Le Livre de la Femme Forte, c5.
— 1545. A. Pierre, 77. — 1547. Vitruve, 152. — 1553. Ronsard. — 1554. Le Caron, 44. — Amyot, II. — Montaigne, I, 320.

Obreptissement [1611. Cotgrave].

Obscurement [1583. Bretonnayau]. — Le Maire, I, 197. — 1527. Seneque, f8. — 1538. R. Estienne, 96. — 1540. Amadis, I, 12b. — 1551. C. Le Roy. *Timee*, 65. — 1554. Le Caron, 25. — 1554. Peletier. *Algebre*, 3. — 1571. G. Le Fevre. *Encyclie*, 100. — Papon, I, 731. — Montaigne, II, 242.

Obstineement. — 1538. R. Estienne, 488. — Amyot, II. — 1574. Belle-Forest. — Montaigne, I, 5.

Obstinement [xive s.]. — Rabelais, II, 344 (éd. Janet). — Le Maire, II, 12. — 1554. Le Caron, 173b. — Papon, I, 80. — Montaigne, I, 117.

Obtusement. — 1542. Canappe. *Guidon*, 90. — 1583. Virgile, 45b.

Occasionnellement [1306]. — 1611. Cotgrave.

Occulairement. — 1573. Du Preau, 289.

Occultement. — Rabelais, II, 207. — Le Maire, I, 222. — 1527. Seneque, a8. — 1554. Amadis, XI, 93b. — Papon, II, 161.

Ocieusement = Otieusement. — Rabelais, III, 26. — 1531. Le Peregrin, 9. — Du Bellay.

Oculairement [xvie s. B. Des Periers]. — Rabelais, I, 271. — 8 août 1553. A. de Thou, dans Heptaméron, I, 166. — 1567. Du Pinet. *Pline.* — Papon, II, 135. — 1586. Lambert, XX4.

Ocultement. — 1531. Le Peregrin, 95b. — 1555. Billon, 174b.

Odieusement [xvie s. Calvin]. — Amyot, II.

Odorantement. — Du Bartas, dans Pellissier, 161.

Officialement. — Rabelais, II, 86.

Officieusement [1555].

Oiseusement. — 1554. Tahureau, I, 56. — P. de Brach. — 1574. Belle-Forest, I, 421.

Oisivement [1611. Cotgrave]. — 1589. Du Bartas, 38.

Ombrageusement. — 1554. Peletier. *Algebre*, 133.

Ombratilement. — 1588. Vigenere, 246b.

Ombreusement. — 1554. Tahureau, I, 54. — 1571. G. Le Fevre. *Encyclie*, 53. — 1588. I. Loys, 5.

Onctueusement [1582]. — 1583. Virgile, 72.

Onʒiememant [1552. Peletier]. — 1554. Peletier. *Arithmetique*, 205.

Opinatrement. — (1577). Bolsec, 121.

Opiniastrement [1539. R. Estienne]. — Amyot, II. — (1577). Bolsec, 99. — G. Bouchet. *Serées*, I, 102.

Oportunement [1564. J. Thierry. *Dict. franç.-lat.*]. — 1553. Des Autelz, a 4b. — 1585. Thevenin, dans Du Bartas, 3.

Opportunement. — 1551. Des Autelz, 51. — (1567). Ph. De l'Orme, 47b. — Papon, II, 703.

Opulamment. — 1599. Lasphrise, 284.

Opulemment [xvie s. Amyot]. — 1544. Philandre et Passerose, 207. — 1548. Amadis, VIII, 48. — Amyot, II. — Montaigne, IV, 197. — 1599. Lasphrise, 598.

Opulentement [1549. R. Estienne]. — 153.. Helisenne de Crenne, EE 2. — (1544). Delie, 405. — 1546. R. Estienne, 885. — Amyot, II.

Oratoirement [1611. Cotgrave].

Orbiculairement [xvie s. Rabelais]. — Rabelais, I, 271.

Ordement. — 1538. R. Estienne, 376.

Ordinablement. — 1511. F. Le Roy, L 5.

Ordinairement [1381]. — Rabelais, I, 16. — Marot, I, 35. — 1540. Amadis, I, 1b. — Amyot, I. — Papon, I, 196. — Montaigne, I, 45.

Ordonneement [xiie s.]. — Le Maire, IV, 259.

Ordonnement. — 1538. R. Estienne, 138. — 1551. Leon Hebrieu, II, 6. — Montaigne, I, 440.

Ordousement. — ? 1524. Le Pionnier de Seurdre, 401, dans *Bulletin du bibliophile* (1896), 175.

Organiquement. — 1547. Vitruve, 135.

Orgueilleusement [xie s.]. — 1538. R. Estienne, 690. — 1599. Lasphrise, 375.

Originairement [1611. Cotgrave].

Originalement [xive s.]. — 1611. Cotgrave.

Originelement. — Montaigne, IV, 130.

Originellement [1369]. — Papon, I, 124. — Montaigne, I, 439.

Orneement. — 1538. R. Estienne, 144. — 1565. Calepinus, 753.

Ornʒément. — 1538. R. Estienne, 551.

Oscurement = Obscurement. — 1553. Muret, dans Ronsard.

Otieusement = Ocieusement. — Rabelais, II, 292 (éd. Janet).

Oultrageusement [xiiie s.]. — Le Maire, II, 155. — 1527. Seneque, i 5^b. — 1540. Amadis, I, 50.

Oultrecuidamment. — 1599. Lasphrise.

Oultrecuidement. — 1577. Bolsec, 77.

Oultrement [xiie s.]. — Rabelais, II, 356 (éd. Janet). — (1544). Delie, 427.

Outrageusement. — 1538. R. Estienne, 76. — 1553. Amadis, IX, 82. — Amyot, II. — Montaigne, I, 6.

Outrecuydément. — 1573. Du Preau, 363. — Brantôme, V, 423.

Outrément. — 1551. Leon Hebrieu, I, 235. — 1599. Lasphrise, 182.

Ouvertement [xiie s.]. — Le Maire, II, 275. — 1527. Seneque, b 6^b. — 1553. Des Autelz, a 8^b. — Amyot, I. — Montaigne, III, 43.

Ouvrierement. — 1568. Breslay, dans Du Verdier, V, 252.

Oyseusement = Oiseusement. — 1574. Belle-Forest, 559. — Montaigne, II, 43.

Oysifvement. — 1574. Belle-Forest, 559.

Oysivement [1611. Cotgrave]. — Marot, I, 141.

Paciemment = Patiemment. — 1527. Seneque, a 8^b. — 1531. Le Peregrin, 15^b. — (1542). Corrozet, 242. — 1574. Belle-Forest.

Pacientement. — 1527. Seneque, p 2^b. — 1531. Le Peregrin, 139^b. — 1539. G. Michel. *Josephe*, 21.

Pacificquement. — Rabelais, II, 18, 470.

Pacifiquement [xve-xvie s. Fossetier]. — Rabelais, I, 385 (éd. Janet). — Le Maire, I, 72. — Ronsard. — 1555. Billon, 87.

Pairement [1582] = Peremant.

Paisiblement [xiie s.]. — Rabelais, I, 12 (éd. Janet). — Le Maire, I, 257. — 1540. Amadis, I, 14^b. — Papon, I, 177. — Montaigne, IV, 25.

Palement. — 1553. Ronsard.

Pallement. — 1554. Magny. *Gayetez.* — Ronsard. — Tahureau, II, 85.

Palpablement [1584. Thevet]. — Somme des pechez, 419.

Pampreusement. — 1554. Magny. *Gayetez.*

Paniquement. — Du Bartas, dans Pellissier, 162.

Pantoiment. — 1553. Ronsard.

Pantoisement. — 1554. Ronsard. — P. de Brach.

Paourement. — 1527. Seneque, h 6ᵇ.
Paoureusement. — 1538. R. Estienne, 521.
Paraboliquement [1567]. — (1512), dans Œuvres poétiques de
  G. Alexis (1896), I, 281.
Paracletement. — Ibid.
Paradoxalement [1589].
Parateclement = Paracletement.
Pardurablement. — Le Maire, I, 298. — 1527. Seneque, n 6ᵇ.
Pareillement [xvᵉ s.]. — Rabelais, I, 354. — Le Maire, I, 281.
  Marot, I, 275. — 1540. Amadis, I, 2. — Amyot, II. — Papon,
  II, 48. — Montaigne, III, 129.
Paresseusement [xiiᵉ-xiiiᵉ s.]. — 1538. R. Estienne, 416. —
  (1542). Corrozet, 196. — 1554. Le Caron, 17. — P. de Brach.
Parfaictement [xiiiᵉ s.]. — Rabelais, I, 256. — (1525). Marot,
  II, 155. — 1541. Amadis, II, 8. — Papon, II, 85. — Mon-
  taigne, II, 99.
Parfaitement. — (1543). Marot, I, 94.
Parfaittement. — Amyot, II.
Parfectement. — 152.. Le Livre de la Femme Forte, P 1.
Parfondemant. — 1554. Peletier. *Algebre*, 122.
Parfondement. — Rabelais, I, 318. — Le Maire, I, 170. —
  1531. Le Peregrin, 75ᵇ.
Partiallement. — J. Marot, dans Marot (1731), V, 10.
Participialement. — 1611. Cotgrave.
Particuliairement. — Rabelais, V, 151.
Particulierement [xivᵉ s.]. — Le Maire, I, 5. — 1540. Ama-
  dis, I, 108ᵇ. — Amyot, I. — Papon, II, 101. — Montaigne,
  I, 11.
Partiellement [xivᵉ s.].
Paslement = Palement. — 1611. Cotgrave.
Passablement [xivᵉ s.]. — Marot, III, 126. — 1538. R. Estienne,
  613. — Montaigne, IV, 224.
Passiblement. — Somme des pechez, 419.
Passionément [1611. Cotgrave]. — 1585. Thevenin, dans
  Du Bartas, 555.
Passionnairement. — 1557. Tyard, 40.
Passivemant. — 1554. Peletier. *Aritmetique,* 66.
Passivement [xivᵉ s.]. — Le Maire, IV, 79. — Amyot, II, 508.
Pastoralement. Pastorallement [1512. J. Le Maire]. — Le
  Maire, I, 66, 133. — 1554. Tahureau, I, 54.
Patemment [xvᵉ s.]. — 1523. La Parthenice Mariane, 22.

Patentement. — 15... Le grant Vita Xri, I, 2ª. — 152.. Le
Livre de la Femme Forte, Y 4. — ? 1530, dans Montaiglon-
Rothschild, XI, 312.
Paternellement [1564. J. Thierry. *Dict. franç.-lat.*]. — Mon-
taigne, III, 61.
Pathetiquement [1611. Cotgrave].
Patiemment [xiiᵉ s.]. — Rabelais, II, 324 (éd. Janet). —
Le Maire, IV, 129. — 1541. Amadis, II, 16ᵇ. — Amyot, II.
Patientement. — 1531. Le Peregrin, 27. — 1550. Ch. de
S. Marthe, dans Heptameron, I, 64. — 1554. Ronsard.
Pausement = Posement. — 1611. Cotgrave.
Pauvrement [xiiiᵉ s.]. — 1540. Amadis, I, 115. — Amyot, I. —
1599. Lasphrise, 453.
Peculativement. — 1611. Cotgrave.
Peculierement. — 1546. Ch. Estienne. *Dissection*, 149. —
1551. Leon Hebrieu, II, 90. — 1554. Le Caron, 75ᵇ. — Mon-
taigne, III, 110.
Pecuniairement. — 1555. Billon, 196. — Papon, I, 131. —
Somme des pechez, 63.
Pedantesquement [xviᵉ s. Charron].
Penetramment. — Rabelais, II, 124. — (1544). Delie, 411. —
(1547). M. Sceve, dans les Marguerites, I, 12. — 1554.
Le Caron, 175. — Pontus de Tyard, 68.
Peneusement. — 1554. Ronsard.
Peniblement [1653. Oudin]. — Rabelais, II, 18. — 1565. Bereau,
145. — 1585. Thevenin, dans Du Bartas, 32. — 1587. Fon-
teny, 60.
Perdurablement = Pardurablement. — P. de Brach. — 1588.
Vigenere, 32ᵇ.
Peremant = Pairement. — 1554. Peletier. Aritmetique, 19.
Peremptoirement [1349]. — Rabelais, I, 75 ; II, 316. — 1573.
Du Preau, 363.
Perfaictement. *Perfaitement.* — 1540. Amadis, I, 3ᵇ. — 1554.
Le Caron, 92, 2ᵇ.
Perfectement. *Perfetement.* — 1529. G. Tory. *Champ fleúry*,
51ᵇ. — 1554. Le Caron, 14ᵇ, 8ᵇ.
Perfettement. — 1551. L. Le Roy. *Timee*, 80ᵇ.
Perfusement. — 1531. Le Peregrin, 20ᵇ.
Perilleusement [xiiᵉ s.]. — 1532. A. Du Saix, a 4. — 1554.
Amadis, XI, 18ᵇ. — Somme des pechez, 118.
Periodiquement [1611. Cotgrave].

Pernicieusement [1516]. — 1538. R. Estienne, 543. — 1554.
  Le Caron, 45.
Perpendiculairement [1542]. — Rabelais, II, 102. — Le Maire,
  I, 213. — 1557. Tyard, 38. — (1567). Ph. De l'Orme, 74b.
Perpetuellement [xiie s.]. — Rabelais, I, 191. — Le Maire, I,
  35. — Marot, II, 22. — 1552. Amadis, X, 2. — Papon, I, 80.
  — Montaigne, II, 76.
Perplexement. — 1611. Cotgrave.
Perseveramment [xiie s.]. — 1538. R. Estienne, 382. — (1544).
  Delie, 367.
Perseverantement. — 152.. Le Livre de la Femme Forte, c 5b.
Personnellement [xiiie s.]. — Rabelais, I, 268. — Le Maire,
  II, 225. — 1554. Amadis, XII, 69. — Papon, I, 182.
Persuasiblement. — 1611. Cotgrave.
Pertinacement. — 1527. Seneque, g 8b. — Somme des pechez, 36.
Pertinément. — 1573. Du Preau, 376.
Pertinemment [1536]. — Rabelais, II, 131. — 1538. R. Estienne,
  474. — 1540. Amadis, I, 59b. — 1557. Bugnyon, 36. — Amyot,
  II. — Montaigne, III, 141.
Perversement. — Rabelais, II, 93. — Le Maire, III, 261. —
  1565. Calepinus, 810. — Somme des pechez, 1. — 1599. Las-
  phrise, 594.
Pesamment [xiie-xiiie s.]. — Le Maire, IV, 29. — Marot, III,
  243. — 1589. Du Bartas, 322.
Pesantement. — 1540. Amadis, I, 145b. — 1554. Tahureau,
  I, 49.
Pesteusement. — 1589. Du Bartas, 548.
Petitement [xiiie s.]. — Le Maire, II, 348. — 1538. R. Estienne,
  436. — 1549. Aneau. *Emblemes d'Alciat,* 231.
Petitoirement. — Papon, II, 55.
Petulamment [1553].
Peureusement [xiie-xiiie s.]. — 1611. Cotgrave.
Phantasticquement. Phantastiquement. — Rabelais, II,
  209; III, 72.
Philosophalement. — 1549. Macault, 282. — Amyot, I.
Philosophiquement [1529]. — 1529. G. Tory. *Champ fleury,*
  20. — 1585. Thevenin, dans Du Bartas, 114.
Physicalement. — Rabelais, I, 39; II, 5.
Physiquement [xve-xvie s.].
Piaffeusement. — 1611. Cotgrave.
Picquamment. — Montaigne, I, 320.

Piement. — 1553. Des Autelz, a 7. — 1557. Tyard, 69.

Pietrement [xiiie s.]. — 1611. Cotgrave.

Pieusement [1611. Cotgrave].

Pipeusement. — P. de Brach.

Pirement. — Rabelais, II, 209. — 152.. Le Livre de la Femme Forte, h 8b. — 1541. Amadis, II, 12b. — Amyot, II. — Montaigne, IV, 168.

Piteusement [xiie s.]. — Le Maire, I, 202. — 1540. Amadis, I, 73b. — J. de La Peruse, 210. — Montaigne, II, 36.

Pitoiablement. — Rabelais, III, 5.

Pitoyablement [xiiie-xive s.]. — Rabelais, I, 259. — Le Maire, II, 206. — 1540. Amadis, I, 74. — 1554. Tahureau, II, 107.

Placidement [1611. Cotgrave].

Plainement = Pleinement. — 1527. Seneque, b 6b. — 1543. Marot, I, 96. — 1550. Privilege, dans Ronsard, II, 4. — Montaigne, II, 172.

Plaintivement. — 1588. Vigenere, 279b.

Plaisamment [xiiie s.]. — Rabelais, III, 180. — Le Maire, I, 330. — Marot, IV, 8. — 1552. Amadis, X, 26. — Amyot, II. — Montaigne, I, 24.

Plaisantement. — Rabelais, I, 88. — 1531. Le Peregrin, 45.

Planierement. — ? 1510, dans Montaiglon-Rothschild, X, 173. — 1531. Miroir hystorial, I, 9 c.

Plantureusement [xiie-xiiie s.]. — 1527. Seneque, cb. — 1538. R. Estienne, 548. — 1554. Amadis, XI, 23. — Amyot, II. — Montaigne, IV, 48.

Plattement [1557].

Plausiblement [xvie-xviie s. Charron].

Pleinement [xive s.]. — Rabelais, I, 226. — Le Maire, III, 61. — Marot, I, 78. — Papon, I, 174. — Montaigne, I, 118.

Poeticquement. — 1540. Virgile, I, 3 a.

Poetiquement [xve s.]. — Le Maire, IV, 83. — 1555. Billon, 31. — 1582. Muse chrestienne, 82.

Poignamment. — 1599. Lasphrise, 366.

Poisamment. — Montaigne, I, 37.

Poliément. — 1611. Cotgrave.

Polimant. — 1554. Peletier. *Algebre*, 77.

Poliment [1539. R. Estienne]. — 1538. R. Estienne, 551. — 1554. Le Caron, 82b. — 1555. Ronsard.

Politiquement [xve s.]. — 1585. Thevenin, dans Du Bartas, 636.

Poltronesquement. — 1611. Cotgrave.

Poltronnement. — 1586. Lambert, 17. — 1599. Lasphrise, 131.

Poltronneusement. — 1583. Thevenin, dans 1585. Du Bartas, 236.

Polyment. — (1544). Delie, 131, 285.

Pompeusement [xive s.]. — Le Maire, II, 164. — 1546. R. Estienne. — Du Bellay. — Montaigne, IV, 197.

Ponctuellement [1611. Cotgrave].

Ponderamment. — 1611. Cotgrave.

Pontificalement [xive s.]. — 1611. Cotgrave.

POPULAIREMENT [xvie s. Amyot]. — Le Maire, IV, 41. — Montaigne, III, 127.

Posement [xve s.]. — 1546. Amadis, VII, 105. — 1551. L. Le Roy. *Isocrates,* 58. — 1571. G. Le Fevre. *Encyclie,* 110.

Positivement [xvie-xviie s.].

Possessoirement. — Papon, II, 156.

Possiblement [1337].

Potentialement. — 1551. Leon Hebrieu, I, 69. — 1562. Tahureau, dans Du Verdier, IV, 311.

Potentielement. — 1551. L. Le Roy. Timee, 58b.

Potentiellement. — 1551. Leon Hebrieu, I, 159. — Amyot, II.

Poupinement. — (1555). Vauquelin de La Fresnaye, 46.

Pourement. — Le Maire, III, 279. — 1527. Seneque, 18. — 1538. R. Estienne, 435.

Pourettement. — 1539. Therence, 9.

Poureusement. — 1586. Lambert, 53b.

Praealablement. — Rabelais, II, 105.

Praesentement. — Rabelais, II, 113.

Prealablement [1477]. — Rabelais, II, 180. — (1575). Saliat. *Herodote* (éd. Talbot, 101).

Preallablement. — Rabelais, II, 76. — Le Maire, II, 227. — 1544. Amadis, IV, 11. — Amyot, I.

Precairement [xvie-xviie s.]. — 1611. Cotgrave.

PRECEDemment [1579. N. Du Fail]. — 1555. Billon, 137.

Precieusement. — Rabelais, II, 328. — Le Maire, I, 293.

PRECIPItamment [1611. Cotgrave]. — Papon, II, 614. — 1583. Thevenin, dans 1585. Du Bartas, 237.

Precipitement. — Iodelle.

Precipiteusement. — Montaigne, I, 323.

Precisemant. — 1554. Peletier. *Algebre,* 1.

Precisement [xive s.]. — Le Maire, III, 334. — Amyot, II. — Papon, I, 116. — Montaigne, III, 351.

Predonairement. — Papon, II, 142.

Prefixement. — Du Bartas, dans Pellissier, 163.

Pregnamment. Preignement. — 1611. Cotgrave.

Prematurement [xvi^e s. Du Verdier].

Premierement [xi^e-xii^e s.]. — Rabelais, I, 18. — Le Maire, I, 220. — 1527. Seneque, a 2^b. — 1540. Amadis, I, 12^b. — (1544). Marot, I, 27. — Amyot, I. — Montaigne, I, 109.

Preposterement. — Papon, II, 614.

Presentement [xiii^e s.]. — Rabelais, I, 27. — Le Maire, I, 177. — 1527. Seneque, q 2^b. — 1540. Amadis, I, 9^b. — (1543). Marot, I, 95. — Amyot, I. — Papon, I, 145. — Montaigne, I, 114.

Presentialement. — Le Maire, II, 256.

Presentiellement. — 1531. Miroir hystorial, I, 11^b.

Presidialement [1611. Cotgrave].

Presomptueusement [xve s.]. — 1538. R. Estienne, 68. — 1574. Belle-Forest, 441.

Presseement. — 1538. R. Estienne, 572.

Pressément. — 1554. Le Caron, 89.

Prestement [xiie s.]. — Le Maire, I, 283. — 1527. Seneque, r. — 1544. Philandre et Passerose, 200.

Presumptueusement. — 1531. Miroir hystorial, I, 3^a. — 1531. Le Peregrin, 94^b. — Amyot, II.

Pretement. — 1557. Bugnyon, 68.

Preteritement. — 153.. Helisenne de Crenne, GG.

Pretieusement [1539. R. Estienne]. — Rabelais, II, 243 (éd. Janet).

Prevostablement. — 1611. Cotgrave.

Primement. — Montaigne, II, 6.

Primitivement [xve s.]. — 1578. Vigenere, dans Du Verdier, V, 228.

Principalement [xiie s.]. — Le Maire, III, 121. — 1527. Seneque, b 8^b. — 1540. Amadis, I, 27. — Amyot, I, II. — Papon, II, 53. — Montaigne, I, 108.

Privativement [xvi^e s. Loysel]. — Papon, II, 46.

Priveement [xii^e s.]. — 1542. Amadis, III, 48. — 1546. R. Estienne, 509. — 1584. G. Meurier.

6

Privement. — Le Maire, II, 60. — 1541. Amadis, II, 2. —
Papon, I, 76. — Montaigne, I, 183.

Probablement [xive s.]. — 152.. Le Livre de la Femme Forte,
V 2b. — Papon, I, 84. — 1585. Thevenin, dans Du Bartas,
424. — Somme des pechez, 441.

PROBLEMA*tiquement* [1649]. — 1578, dans Brunet, III, 576. —
1585. Thevenin, dans Du Bartas, 659.

PROCESSION*nellement* [1566]. — (5 sept. 1552), dans Panisse-
Passis. *Les Comtes de Tende*, 263.

Prochainement [xiie s.]. — Rabelais, I, 119. — Le Maire, III,
243. — 1554. Le Caron, 37.

Prochement. — 1554. Le Caron, 54.

PRODIGALEMENT [1539. R. Estienne]. — 1538. R. Estienne, 578.
— Ronsard. — 1557. Bugnyon, 5. — 1584. G. Meurier.

PRODIGIEUSEMENT [1549. R. Estienne]. — (1543). François Ier,
dans Du Verdier, III, 591. — 1546. R. Estienne, 1023.

Prodiguement [xve-xvie s. O. de Saint-Gelays]. — (1544).
Delie, 312. — 1554. Le Caron, 146b. — Baïf, I, 31. — P. de
Brach.

PRODITOI*rement* [1577]. — (1563), dans La Bouralière. *L'Imprimerie à Poitiers*, 182. — Papon, II, 93. — Amyot, I (Vie
d'Eumenes). — 1584. G. Meurier.

Profanement. — 1574. Belle-Forest, 447. — G. Meurier.

Professoirement. — Montaigne, I, 194.

Profetiquement [xve s.]. — 1585. Thevenin, dans Du Bartas, 17.

Profitablement. — 1545. A. Pierre, 171b. — (1556). Saliat.
Herodote (éd. Talbot, xxix).

PROFON**dement**. PROFON**dement** [1521]. — 152.. Le Livre de la
Femme Forte, X 8b, ib. — Rabelais, I, 73, 280. — 1542. Ama-
dis, III, 20b. — Amyot, II. — Papon, II, 128. — Montaigne,
I, 54.

Profusement [xvie s. M. de Saint-Gelays]. — 1531. Le Peregrin, 68.

Prolixement [xiie-xiiie s.]. — 152.. Le Livre de la Femme
Forte, i2. — 1544. Philandre et Passerose, 187. — 1567.
Ph. De l'Orme, 231. — Somme des pechez, 123.

Promiscuement. — Papon, I, 32, 252.

Promptement [vers 1340]. — Rabelais, I, 323. — Le Maire, I,

98. — Marot, I, 46. — 1540. Amadis, I, 2. — Amyot, I, II.
— Papon, I, 169. — Montaigne, I, 49.

Prontemant. — 1554. Peletier. *Aritmetique,* 58.

Prophanement = Profanement. — (1544). Delie, 270. — 1585.
Du Bartas, 88.

Prophetiquement. — 1570. Cité de Dieu, II, 117ᵃ. — 1588.
Vigenere, 285.

Proporcionablement. — 1515. F. Le Roy, L5.

Proporcionnablemant. — 1554. Peletier. *Algebre,* 77.

Proporcionnément. — 1557. Tyard, 115.

Proportionelement. — 1551. L. Le Roy. *Timee,* 64ᵇ.

Proportionnellement [xivᵉ s.]. — 1551. Leon Hebrieu, II, 184.
1562. Du Pinet. *Pline,* I, 45.

Proportionnellement [xivᵉ s.]. — 1551. Leon Hebrieu, II, 184.
— 1562. Du Pinet. *Pline,* I, 45.

Proportionn*ément* [xviᵉ s. Paré]. — 1568? Belleforest, dans
Du Verdier, III, 13. — 1570. L. Le Roy, dans Du Verdier,
IV, 621.

Proprement [xiiᵉ s.]. — Rabelais, I, 170. — Le Maire, III,
153. — Marot, I, 20. — 1540. Amadis, I, 54ᵇ. — Amyot, I,
II. — Papon, II, 83. — Montaigne, IV, 86.

Proprietairement. — 1611. Cotgrave.

Prosaiquement [xvᵉ s.]. — 1526, dans Montaiglon-Rothschild,
XII, 137.

Prosecutivement. — 1540. Virgile, I, 23 d.

Prosperement. — Marot, I, 79. — 4 janvier 1553. Privilege,
dans Ronsard. — 1573. Du Preau, 111.

Protervement. — 1584. G. Meurier. — 1611. Cotgrave.

Prouchenement = Prochainement. — Le Maire, IV, 490.

Prouffitablement. Proufitablement. — 1538. R. Estienne, 304.
— 1545. A. Pierre, 154ᵇ. — 1584. G. Meurier.

Proverbi*alement* [xviiᵉ s.]. — 1555. Eglogues de Virgile, L 3ᵇ.
— Papon, II, 127.

Providemment. — 1584. G. Meurier. — 1611. Cotgrave.

Provisionnellement. — Papon, I, 83.

Prudemment. — Rabelais, II, 343 (éd. Janet). — Le Maire,
III, 397. — 1540. Amadis, I, 122. — Amyot, II. — Papon,
I, 165.

Prudentement [xɪvᵉ s.]. — Rabelais, II, 20. — Le Maire, I,
252, 290. — 1527. Seneque, a 4ᵇ.

Puamment [xvɪᵉ s. Du Pinet]. — Henri Estienne, dans L. Cle-
ment, 367.

Puantement. — Du Bartas, dans Pellissier, 163.

Publicquement. — Rabelais, I, 308. — 1527. Seneque, n 8ᵇ. —
1540. Amadis, I, 73ᵇ.

Publiquement [xɪvᵉ s.]. — Rabelais, I, 239. — Le Maire, I,
286. — 1527. Marot, I, 191. — 1540. Amadis, I, 84ᵇ. —
Amyot, II.

Pucellement. — 1585. Le Gaygnard, F 8.

Pudemment. — 1592. J. Willemin, dans L. Gollut, *Mém. histor.
de la Répub. séquan.*

Pudicquement. — Rabelais, II, 149. — 1531. Le Peregrin, 105ᵇ.

Pudiquement [xɪɪᵉ s.]. — 1531. Le Peregrin, 163. — (1544).
Delie, 313. — 1554. Le Caron, 4.

Pᴜᴇʀɪʟᴇᴍᴇɴᴛ [xvɪᵉ s. Calvin]. — 152.. Le Livre de la Femme
Forte, a 6ᵇ. — 1527. Seneque, c 3. — 1570. C. Despence, dans
Du Verdier, III, 338. — Montaigne, IV, 273.

Puissamment [xɪɪᵉ s.]. — Le Maire, I, 81. — Marot, III, 240.
— 1547. Marguerites, II, 50. — Amyot, II. — Montaigne,
II, 358.

Puissanciellement. — 1589. S. Goulart, dans Du Bartas, 530.

Puissantement. — 1539. G. Michel, *Josephe*, 7. — 1588. I.
Loys, 4ᵇ.

Punissablement. — Montaigne.

Pupillairement. — Papon, I, 570.

Purement [xɪɪɪᵉ s.]. — Rabelais, I, 358. — Marguerite de
Navarre. *Dernières poésies*, 232. — Montaigne, I, 178.

Pusilanimement. Pusillanimement. — 1555. Billon, 34ᵇ. — 1579.
P. de L'Ostal, dans Du Verdier, V, 303. — 1584. G. Meurier.

Pyramidalement. — 1557. Tyard, 84. — 1585. Thevenin, dans
Du Bartas, 168.

Quarrément. — (1567). Ph. De l'Orme, 168.

Quartemant. — 1554. Peletier. *Aritmetique*, 202.

Quartement. — Rabelais, I, 60. — 1525, dans Montaiglon-
Rothschild, XIII, 80. — 1529. G. Tory. *Champ fleury*, 14ᵇ.
— Papon, I, 96. — 1577. Bolsec, 48. — Somme des pechez,
675.

Quatorziememant [1798]. — 1554. Peletier. *Aritmetique*, 206.

Quatrannairement. — 1584. Du Monin. *Uranologie.*

Quatrement. — Somme des pechez, 465.

Quatriemement. — Somme des pechez, 660.

Quellement [xive s.]. — Le Maire, III, 86. — 1544. Philandre et Passerose, 194.

Quelquement. — 1582. Du Monin, 192.

Quictement. — 18 déc. 1531, dans Panisse-Passis. *Les comtes de Tende*, 82.

Quietement. — 10 mai 1534, dans Panisse-Passis, 275. — Montaigne, I, 114.

Quintemant. — 1554. Peletier. *Aritmetique*, 203.

Quintement. — Rabelais, II, 154. — 1525, dans Montaiglon-Rothschild, XIII, 81. — 1529. G. Tory. *Champ fleury*, 14b. — Somme des pechez, 675.

Quinziememant. — 1554. Peletier. *Aritmetique*, 206.

Quotidiannement [1476]. — 15.., dans Baudrier. *Bibliographie lyonnaise*, IV, 212.

Quotidiennement. — Vers 1520, dans Catalogue A. Claudin. 98288.

Quoyement = Coyement. — 1611. Cotgrave.

Radicalement. — 1554. Peletier. *Algebre*, 152.

Radicallement [1314]. — 152.. Le Livre de la Femme Forte, i 2b.

Ragement. — 1538. R. Estienne, 412.

Raisonnablement [xiie s.]. — Rabelais, I, 39. — Le Maire, I, 210. — 1527. Seneque, nb. — 1554. Le Caron, 26. — Amyot, I, II. — Papon, I, 249. — Montaigne, II, 81.

Rapi*dement* [1611. Cotgrave]. — 1585. Thevenin, dans Du Bartas, 419.

Rarement [xiie s.]. — 1554. Le Caron, 44. — 1589. Du Bartas, 486. — Montaigne, II, 103.

Rassisement. — (1537), dans Marot (1731), VI, 120.

Rateusement. — (1525). Marot, I, 156.

Ravageusement. — 1583. Thevenin, dans 1585. Du Bartas, 237.

Realement. Reallement. — Rabelais, II, 55, 98. — Le Maire, III, 283. — 1527. Seneque, 92b. — Ronsard. — Amyot, II. — Papon, II, 448.

Reaument. — 1584. G. Meurier. — 1611. Cotgrave.

Rebellement. — Le Maire, I, 160.

Receleement. — 1549. R. Estienne. — 1585. G. Meurier.

Recemment. — 1565. Bereau, 160.

RECENtement [1549. R. Estienne]. — Rabelais, II, 255. — 1523. La Parthenice Mariane, 37. — 1541. Amadis, II, 34b; 1544. V, 78. — (1544). Delie, 432. — 1545. A. Pierre, 66. — 1584. G. Meurier. — 1588. Vigenere, ã 6b.

Rechignément. — 1611. Cotgrave.

Rechinement. — 1538. R. Estienne, 304.

RECIPROQUEMENT [1549. R. Estienne]. — 1546. R. Estienne, 814. — 1551. Leon Hebrieu, I, 115. — 1551. L. Le Roy. *Timee,* 64b. — 1554. Le Caron, 83b. — Amyot, I, II. — 1567. Ph. De l'Orme, a 3. — Papon, I, 257.

Recommandablement. — Montaigne, IV, 274.

Recreativement. — 1538. R. Estienne, 534. — 1584. G. Meurier.

Rectanguleremant. — 1554. Peletier. *Algebre,* 82.

Redondamment. — 1611. Cotgrave.

Redoubleement. — Le Maire, I, 121. — 1530. Palsgrave, 835.

Reductivement. — 1511. F. Le Roy, L 5.

Reellement [xiie s.]. — Papon, I, 54. — Montaigne, I, 312.

Refrongnement. — 1538. R. Estienne, 304.

Regalement. — 1611. Cotgrave.

Reglément. — 1550. D. Sauvage, dans Du Verdier, III, 451.

Reguliairement. — Rabelais, II, 98.

Regulieremant. — 1554. Peletier. *Aritmetique,* 81.

Regulierement [1426]. — Rabelais, II, 441. — Papon, I, 64. — Montaigne, III, 379.

Reiglement = Reglement. — 1584. G. Meurier. — 1611. Cotgrave.

Relativement. — Amyot, II. — Montaigne, II, 304.

Religieusement [xiiie s.]. — Rabelais, II, 125. — Le Maire, IV, 481. — 1554. Le Caron, 62. — Papon, I, 180. — Montaigne, I, 243.

Renversément. — 1611. Cotgrave.

Repentivement. — 1611. Cotgrave.

Repletivement. — 1611. Cotgrave.

Reposamment. — Du Perron.

Reposément. — 1611. Cotgrave.

Representativement [1330]. — 1527. Seneque, q2[b].

Reserveement. — Amyot, II.

Reservément. — Montaigne, III, 368.

Residamment. — (15..), dans Montaiglon, VII, 215.

Residemment. — 1557. Bugnyon, 84.

Resixiesmement. — 1611. Cotgrave.

RESOLUEMENT [1549. R. Estienne]. — Le Maire, II, 116. — Amyot, II. — Montaigne, II, 5.

Resolument. — (1544). Delie, 270. — 1551. Alaigre, dans Du Verdier, III, 92. — Montaigne, I, 222.

Resolutivement. — Papon, I, 84.

Resonnamment. — 1611. Cotgrave.

Respectifvement. — Rabelais, I, 506 (éd. Janet).

Respectivement [1415]. — Rabelais, II, 413. — 1551. Leon Hebrieu, I, 86. — Papon, I, 57. — 1586. Lambert, Kk6.

RESPECTUEU*sement* [1640. Oudin]. — 16 juin 1581, dans J. Baudrier. *Bibliographie lyonnaise*, IV, 364.

Respondamment. — Du Perron.

Restivement. — 1611. Cotgrave.

Retenuement. — Montaigne, II, 325.

Retiercement. — 1611. Cotgrave.

Retrogradement. — Le Maire, IV, 254.

Reveramment. — 152.. Le Livre de la Femme Forte, R2. — (1544). Delie, 275.

Révérément. — 1544. *Roland Furieux*, 178[b].

Reverencialement. — 1511. F. Le Roy, b 3.

Reveremment [1355]. — Le Maire, IV, 114. — 1544. Amadis, V, 12[b]. — Pontus de Tyard, 170. — Papon, II, 145. — Montaigne, I, 15.

Reverentement. — Rabelais, I, 134; II, 439. — 1531. Le Peregrin, 134[b]. — 1540. Virgile, I, 14 c.

Rhetoricquement. Rhetoriquement. — Rabelais, I, 262. — 1538. R. Estienne, 634. — 1584. G. Meurier.

Riantement. — 1585. Du Bartas, 687.

Richement [XII[e] s.]. — Rabelais, II, 502 (éd. Janet). — Le Maire, I, 303. — Marot, I, 110. — 1540. Amadis, I, 117. — Papon, I, 169. — Montaigne, III, 67.

Ridiculement [1552. Ch. Estienne]. — 1565. Calepinus, 805. — Amyot, II.

Ridiculeusement. — 9 nov. 1548. A. Du Moulin, dans *Revue d'Histoire littéraire*, III (1896), 233. — 1584. G. Meurier.

Rigoreusement. — Rabelais, II, 24. — 1527. Seneque, f 7.

Rigoureusement [xiiie s.]. — Rabelais, I, 186. — 1540. Amadis, I, 11. — Amyot, II. — Papon, I, 731. — Montaigne, I, 218.

Riguoreusement. — Rabelais, II, 80 (éd. Janet).

Riguoureusement. — Rabelais, II, 114.

Robustement [1539. R. Estienne]. — 1538. R. Estienne, 514.

Roguement. — Rabelais, III, 69.

Roiddement. — Rabelais, I, 91, 353.

Roidement. — Rabelais, I, 90. — Marot, III, 188. — 1540. Amadis, I, 69. — Montaigne, I, 152.

Rondement [xiie s.]. — Rabelais, II, 133. — Le Maire, I, 264. — Marot, III, 20. — 1552. Ronsard. — 1571. G. Le Fevre. *Encyclie*, 83. — Amyot, II. — P. de Brach. — Montaigne, II, 78.

Rongneusement. — H. Estienne, dans L. Clément, 367.

Roturierement [1411]. — 1584. G. Meurier. — 1611. Cotgrave.

Rougement. — 1583. Virgile, 41. — Du Bartas. — 1599. Lasphrise, 542. — 1611. Cotgrave.

Royalement. — 152.. Le Livre de la Femme Forte, R 6b. — 1554. Tahureau, II, 29. — Montaigne, III, 25.

Royallement [xiiie-xive s.]. — Rabelais, I, 169. — Le Maire, IV, 223. — Montaigne, II, 35.

Roydement. — Rabelais, I, 106. — 1540. Amadis, I, 96b.

Rudement [xiiie s.]. — Rabelais, I, 159. — Le Maire, I, 66, 211. — Marot, I, 9. — 1540. Amadis, I, 96b. — Amyot, I. — Papon, I, B 2b. — Montaigne, I, 71.

Ruralement. — 1584. G. Meurier.

Ruséement. — 1611. Cotgrave.

Rustiquement [1549. R. Estienne]. — 1531. Le Peregrin, 70b. — 1540. Virgile, I, 3 a. — 1546. R. Estienne, 1126. — 1554. Tahureau, I, 64; II, 120.

Rustrement. — Rabelais, I, 69, 286. — 1611. Cotgrave.

Sacerdotalement. — Rabelais, II, 322.

Sacramentalement [xive-xve s.]. — Marguerite d'Angoulême, dans Heptameron, IV, 87. — 1548. P. Le Febure, 28b.

Sacramentellement. — 15... Le grant Vita Xri, II, 75b.

Sacrilegement [1564. J. Thierry. *Dict. franç.-lat.*]. — 1584. G. Meurier. — 1611. Cotgrave.

Sadement. — (1530). Palsgrave, 843.

Sagement [xii⁰ s.]. — Le Maire, II, 60. — (1536). Ch. Fontaine, dans Marot, I, 249. — 1541. Amadis, II, 21. — Amyot, I. — Montaigne, II, 390.

Saigement. — Rabelais, II, 301 (éd. Janet). — 1540. Amadis, I, 13b.

Sainctement. — Rabelais, II, 176. — Marot, IV, 45. — Papon, II, 97. — 1599. Lasphrise, 497.

Sainement [xi⁰ s.]. — 1554. Le Caron, 43b. — 1560. Ronsard. — Amyot, II. — Papon, I, 84. — Montaigne, III, 38.

Saintement [xii⁰ s.]. — Le Maire, III, 238. — 1554. Le Caron, 79. — Papon, II, 369. — Montaigne, IV, 127.

Salaudement. — Brantôme, IX, 235.

Salement [1611. Cotgrave]. — 1546. R. Estienne, 1160. — 1554. Ronsard.

Sallement. — (1535). Marot, I, 212.

Salubrement. — Rabelais, II, 17. — 1545. I. Bouchet. *Triumphes,* 205b. — 1567. Ph. De l'Orme, 13b.

Salutairement [1525]. — 152.. Le Livre de la Femme Forte, hb. — (1561). G. Gueroult, dans Du Verdier, IV, 90. — 1583. B. Alizet. Sonnet à Du Bartas.

Samblablemant = Semblablement. — 1554. Peletier. *Aritmetique,* 236.

Sanglammant. — 1583. (Bandello.) Belleforest, VI, 379. — 1599. Lasphrise, 226, 573.

Sanglantement. — 1552. Amadis, X, 44b. — Ronsard. — 1584. G. Meurier.

Satiriquement [1549. R. Estienne]. — 1554. Tahureau, II, 38. — 1585. P. Le Gaygnard, 209.

Saulvement. — (1530). Palsgrave, 828. — 1553. *Grand Almageste,* 5b.

Sauvagement [xii⁰-xiii⁰ s.]. — 1554. Tahureau, II, 15. — 1557. Bugnyon, 106.

Sauvement. — Le Maire, I, 169; IV, 264. — 1527. Seneque, c. — Cité par Papon, III, 26.

Savoureusement [xii⁰-xiii⁰ s.]. — 1584. G. Meurier. — 1585. P. Le Gaygnard, 211. — 1611. Cotgrave.

Scalabreusement. — Brantôme, III, 227.

Scandaleusement [1642. Oudin]. — Le Maire, III, 324. — 1555. Billon, 175.

SÇAVAMMENT [1549. R. Estienne]. — 1538. R. Estienne, 233. —
  1599. Lasphrise, 223.
Sçavantement. — 1611. Cotgrave.
Sceurement. — Rabelais, II, 218, 453.
Scholastiquement. — Papon, II, 209. — 1584. G. Meurier.
Sciemment [xɪvᵉ s.]. — 1540. Amadis, I, 61. — Amyot, I. —
  Papon, I, 25.
Scientement. — 152.. Le Livre de la Femme Forte, d 8ᵇ.
  — 1529. G. Tory. *Champ fleury*, 20. — Papon, I, 30. —
  1611. Cotgrave.
Scrupuleusement [xɪvᵉ s.]. — 1554. Poliphile, 43. — 1568.
  Breslay, dans Du Verdier, V, 254.
Scurrillement [xvɪᵉ s.].
Seamment = Seemment. — 1584. G. Meurier. — 1611. Cotgrave.
Sechement. — 1554. Tahureau, I, 74. — 1585. Du Bartas, 184.
Secondairement [xɪvᵉ s.].
Secondemant. — 1554. Peletier. *Aritmetique*, 202.
Secondement [1314]. — Rabelais, I, 60. — Le Maire, II, 327.
  — 1527. Seneque, a 2ᵇ. — 1538. R. Estienne, 402. — Papon,
  II, 51. — Montaigne, I, 124.
Secretement. Secrettement [xɪvᵉ s.]. — Rabelais, I, 48. — Le
  Maire, I, 283. — (1527). Marot, II, 33. — (1530). Marot, I,
  167. — Amyot, II. — Montaigne, III, 141.
Seculierement [xɪɪᵉ s.]. — 152.. Le Livre de la Femme Forte,
  M 7ᵇ; Z 7ᵇ.
Secundement. — Rabelais, I, 177 (éd. Janet).
Secutivement. — 1556. *Guevare, trad.* I de Rochemore, et 6ᵇ.
Seditieusement [xɪvᵉ s.]. — 1550. Ch. de S. Marthe, dans Hep-
  tameron, I, 89. — 1554. Le Caron, 158ᵇ.
Seduleusement. — 1541. G. Michel. *Suetone*, 177.
Seemment = Seamment. — 1538. R. Estienne, 144.
SEICHEMENT [1552. Ch. Estienne]. — 1538. R. Estienne, 658.
  — 1611. Cotgrave.
Seigneurialement. — Amyot, II.
Seigneurieusement. — 1537. A. Du Saix, E 8.
Semblablement [xɪvᵉ s.]. — Rabelais, I, 47. — Le Maire, III,
  60. — Marot, I, 9. — 1540. Amadis, I, 30ᵇ. — Amyot, I, II.
  — Montaigne, I, 14.
Semillantement. — 1553. Magny.
Sempiternellement. — Rabelais, II, 36. — 1544. Philandre et
  Passerose, 25. — 1551. Leon Hebrieu, I, 195.

Senseement. — 1531. Le Miroir hystorial. IV, 118 d.

Sensiblement [1314]. — Rabelais, I, 209. — 1586. Lambert, 20^b. — Montaigne, IV, 270.

Sensitivement. — 1551. Leon Hebrieu, II, 304.

Sensuellement [xv^e s.]. — 152.. Le Livre de la Femme Forte, c 7. — 1555. Billon, 174. — 1561. P. de La Place, dans Du Verdier, V, 315.

Sentencieusement [1555]. — 1599. Lasphrise, 409.

Sententieusement. — 1546. R. Estienne, 1155. — 1571. La Porte, 119^b.

Separeement. — 1505. Platine, 1 c. — 1545. A. Pierre, 44^b. — Amyot, I.

Separement [xiv^e s.]. — Rabelais, I, 313. — Le Maire, II, 183. — 1554. Le Caron, 42^b. — Papon, I, 139. — Montaigne, I, 142.

Septiemement. — Somme des pechez, 660.

Septiesmement [1529. G. Tory]. — 1525, dans Montaiglon-Rothschild, XIII, 82. — 1529. G. Tory. *Champ fleury*, 14^b. — Somme des pechez, 14.

Sequentement. — 15.. G. Michel. *Apuleius*, 1. — 1540. Virgile, I, 29 a.

Serainement. — 1548. P. Le Febure, 188. — 1589. Du Bartas, 324.

Serenement. — 1583. Virgile, 94.

Serieusement [xvie s., Montaigne]. — 1500, dans Montaiglon-Rothschild, XII, 302. — 1540. Virgile, I, 41 c. — (1562). Tahureau, dans Du Verdier, IV, 308. — Montaigne, I, 84.

Serpenteusement. — 1583. Thevenin, dans 1585. Du Bartas, 237.

Serréement. — 1565. Calepinus, 72. — 1584. G. Meurier.

Serrement [xiie s.]. — 1538. R. Estienne, 52. — 1550. L'Orloge des Princes, ã 2. — 1552. Amadis, X, 38.

Servement. — Ronsard. — (1554). Tahureau, I, 48. — P. de Brach.

Serviablement. — 1565. Calepinus, 738. — 1611. Cotgrave.

Servilement [xvie s.]. — 1537. A. Du Saix, D 5. — 1538. R. Estienne, 490. — 1549. Macault, 163. — 1555. Billon, 180^b. — Montaigne, II, 77.

Settiememant. — 1554. Peletier. *Aritmetique*, 203.

Seulement [xiie s.]. — Rabelais, I, 25. — Marot, I, 16. — 1540. Amadis, I, 1^b. — Amyot, I, II.

Seullement. — Rabelais, I, 244. — Marot, I, 113. — Marguerite de Navarre. Dernières Poésies, 80.

Seulment. — 1565. Bereau, 80.

Seurement. — Rabelais, I, 155. — Le Maire, III, 225. — Marot, I, 36. — 1552. Amadis, X, 2. — Amyot, II. — Papon, I, 145. — Montaigne, II, 35.

Severement [1539. R. Estienne]. — (1544). Delie, 115. — 1554. Le Caron, 175. — Papon, II, 181. — 1585. Thevenin, dans Du Bartas, 638. — Montaigne, IV, 275.

Sextement. — 152.. Le Livre de la Femme Forte, Z 7. — 1529. G. Tory. *Champ fleury*, 14b.

Sȩiememant. — 1554. Peletier. *Aritmetique*, 206.

Sifflantement. — Du Bartas, dans Pellissier, 164. — 1611. Cotgrave.

Signalément. Signallément. — 1599. Lasphrise, 525. — Brantôme, I, 232.

Signamment. — Rabelais, II, 313. — 1583. Thevenin, dans 1585. Du Bartas, 648. — 1586. Lambert, 80. — Montaigne, II, 75.

Signantement. — 1539. Therence, 173.

Silentement. — 15.. G. Michel. *Apuleius*, 16.

Simplement [xiie s.]. — Rabelais, I, 358. — Le Maire, I, 66. — 1554. Le Caron, 54. — Amyot, II. — Papon, I, 154. — Montaigne, I, 156.

Sincerement [1549. R. Estienne]. *Voir* Syncerement. — 1531. Le Peregrin, 10b. — Montaigne, II, 347.

Singulierement [xiie s.]. — Rabelais, I, 48. — Le Maire, I, 220. — 1540. Amadis, I, 59b. — Amyot, I, II. — 1571. G. Le Fevre. *Encyclie*, 68. — Papon, I, 89. — Montaigne, I, 31.

Sinistrement [xve-xvie s. J. Le Maire]. — Le Maire, III, 243. — (1544). Delie, 276. — 1544. *Roland Furieux*, 159. — Iodelle.

Sixiememant. — Papon, I, 96.

Sixtement. — 152.. Le Livre de la Femme Forte, c 8b. — (1525), dans Montaiglon-Rothschild, XIII, 81.

Siziememant [xiie s.]. — 1554. Peletier. *Aritmetique,* 203.

Sobrement [xiie s.]. — Rabelais, I, 95. — Le Maire, IV, 68. — Marot, I, 221. — 1567. Ph. De l'Orme, 24.

Socialement. — Rabelais, I, 183.

Soefvement. — Marot, III, 147. — 1571. G. Le Fevre. *Encyclie*, 61.

Soigneusement [xiie-xiiie s.]. — Rabelais, I, 4. — 1540. Amadis, I, 7. — Amyot, I, II. — Montaigne, I, 125.
Soingneusement. — Rabelais, II, 157. — Marot, I, 171. — P. de Brach.
Soldatesquement. — 1611. Cotgrave.
Solemneement. — 1523. La Parthenice Mariane, 72b.
Solempnellement. — Le Maire, IV, 259.
Solennellement [xiie s.]. — Le Maire, I, 190. — 1554. Le Caron, 22b. — Papon, II, 65.
Solicitement. — 1531. Le Peregrin, 3o.
Soliciteusement. — 1553. R. Le Blanc, p 2b.
Solidairement [1596]. — (1561). Bounyn. La Soltane. Dédicace.
Solidement [1552. Ch. Estienne]. — 1546. R. Estienne, 1175. — Montaigne, II, 7.
Solitairement [xve s.]. — Le Maire, II, 339. — 1538. R. Estienne, 458. — 1541. Amadis, II. — Papon, II, 563. — Montaigne, IV, 271.
Sombrement [1433]. — 1584. Du Monin. *Uranologie*, 193b.
Sommairement [xiiie s.]. — Rabelais, I, 69. — Le Maire, I, 245. — 1541. Amadis, II, 21. — Amyot, II. — Papon, I, 171.
Sommeremant. — 1554. Peletier. *Algebre*, 172.
Sommierement. — Le Maire, II, 69.
Somptueusement [1512. J. Le Maire]. — Le Maire, I, 298. — 1538. R. Estienne, 551. — Papon, I, 120.
Songneusement. — Rabelais, I, 256. — Le Maire, I, 176. — 1540. Amadis, I, 82. — Montaigne, IV, 236.
Sophisticquement. — Rabelais, I, 61.
Sophistiquement [xiiie s.]. — 1539. Therence, 1b.
Sorbonicolificabilitudinissement. — Rabelais, III, 283.
Sordidement [xvie s. Charron]. — 1550. Ch. de S. Marthe, dans Heptameron, I, 90. — Papon, II, 313. — 1585. Du Bartas, 277.
Sortablement [xvie s. Montaigne]. — 1585. Thevenin, dans Du Bartas, 105. — Montaigne, I, 441.
Sotement. — 1538. R. Estienne, 674.
Sottement [xiie s.]. — Marot, I, 242. — Ronsard. — Montaigne, I, 133. — Brantôme, X, 432.
Soubdainement. — Rabelais, I, 42. — 1527. Seneque, a8. — 1540. Amadis, I, 4b.
Soudainement [xiie s.]. — Le Maire, I, 268. — Marot, I, 176. — 1540. Amadis, I, 23b. — Amyot, I, II. — Montaigne, II, 38.

Soudeinement. — 1557. Seyssel. *Appian*, 513.

Souefment. — Le Maire, III, 15.

Souefvement. — 152.. Le Livre de la Femme Forte, c 8^b. — Belleau. — Amyot, I, II.

Souevement. — 1574. Belle-Forest, 171.

Soupçonneusement [xiiie-xive s.].

Souplement [xiiie s.]. — Rabelais, I, 3o2. — 1578. Ronsard.

Soupplement. — Rabelais, I, 89. — Le Maire, II, 165.

Sourdement [1564. J. Thierry. *Dict. franç.-lat.*]. — 1542. Amadis, III, 33^b. — (1577). Bolsec, 100. — 1599. Lasphrise, 495.

Souspeçonnéement. — 1565. Calepinus, 1067.

Souspeçonneusement. — 1546. R. Estienne, 1233. — 1584. G. Meurier. — 1611. Cotgrave.

Soutenablement. — 1557. Tyard, 91.

Souverainement [xive s.]. — Rabelais, II, 291 (éd. Janet). — Le Maire, I, 134; II, 85. — Marot, I, 16. — Papon, II, 426. — Montaigne, I, 141.

Souvereinement. — 152.. Le Livre de la Femme Forte, d 8.

Spatieusement. — 1546. R. Estienne, 1183. — 1611. Cotgrave.

Specialement. Speciallement [xiie s.]. — 1527. Seneque, g 6. — 1540. Amadis, I, 65^b. — 1542. Amadis, III, 2^b. — 155o. L'Orloge des Princes, 46^b. — Amyot, II. — Papon, II, 99. — Montaigne, II, 115.

Specifiement. — 1531. Le Peregrin, 40.

Specifiquement [xvie s. Montaigne]. — Papon, I, 1. — Montaigne, IV, 224.

Spheriquement [xvie s. Guyon]. — 1567. Ph. De l'Orme, 113^b.

Spirituellement [xiie-xiiie s.]. — Le Maire, IV, 226. — Marot, I, 84. — 1547. Marguerites, I, 27.

Splendidement [xve-xvie s.]. — Ronsard.

Spontanement [1381]. — 1611. Cotgrave.

Stablement. — 1554. Le Caron, 104^b.

Sterilement [xvie s. N. de Bris].

Stilement. — 1553. R. Le Blanc, t 3^b.

Stoiquement [1570]. — 1555. Billon, 171^b.

Studieusement [xiie-xiiie s.]. — Rabelais, II, 159. — 1554. Le Caron, a 2^b. — 1555. Billon, 153^b. — Papon, I, 891.

Stupidement [xvie s. Montaigne]. — Montaigne, IV, 78.

Suavement [1549. R. Estienne]. — 1551. Leon Hebrieu, I, 162. — 1599. Lasphrise, 114.

Suaviticquement. — (1512), dans Œuvres poétiques de G. Alexis (1896), I, 277.

Subitement [xııᵉ s.]. — Rabelais, II, 333. — Le Maire, III, 57. — Marot, III, 165. — Montaigne, II, 332.

Sublimement [1564. J. Thierry. *Dict. franç.-lat.*]. — 1571. G. Le Fevre. *Encyclie,* 327.

Subordin*ement* [1578. Papon. *Troisième Notaire*]. — Papon, II, 615.

Subrepticement [1369].

Subreptivement. — 1611. Cotgrave.

Subsecutivement. — 1551. Leon Hebrieu, II, 246. — 1611. Cotgrave.

Subsequemment [xıııᵉ-xıvᵉ s.]. — 1523. La Parthenice Mariane, 2. — 1551. Leon Hebrieu, I, 233. — 8 août 1553. A. de Thou, dans Heptameron, I, 167. — 1588. Vigenere, 181ᵇ.

Subsidiai*rement* [xvıᵉ s. Montaigne]. — Papon, I, 110. — Montaigne, I, 277.

Substantiellement [xıvᵉ s.]. *Voir* Sustentialement.

Subtilement [xııᵉ s.]. — Rabelais, I, 299. — Le Maire, I, 236. — Marot, I, 169. — 1538. R. Estienne, 399. — 1540. Amadis, I, ã 3. — Amyot, II. — Papon, I, 167.

Subtilifiquement. — (1566). H. Estienne. *Apologie pour Herodote.* II, 290.

Subtillement. — Rabelais, I, 290 (éd. Janet). — Marot, I, 121. — 1560. Melin de S. Gelays, III, 215.

Successifvement. — Rabelais, I, 242 (éd. Janet).

Successivement [1314]. — Rabelais, I, 253. — Le Maire, II, 288. — 1554. Le Caron, 140ᵇ. — Papon, I, 10.

Succinctement [1539. R. Estienne]. — Le Maire, II, 152. — ? 1510, dans Montaiglon-Rothschild, X, 188. — 1538. R. Estienne, 92. — 1554. Le Caron, 49ᵇ. — Papon, I, 178.

Sucréement. — Dans E. Langlois. Recueil d'Art de Seconde Rhétorique (1902), 36.

Suffisamment [xıııᵉ s.]. — Le Maire, III, 154. — (1525). Marot, II, 183. — 1527. Seneque, q 7ᵇ. — 1541. Amadis, II, 7ᵇ. — Amyot, II. — Papon, I, 179. — Montaigne, I, 302.

Suffisantement. — 15.. G. Michel. *Apuleius,* 41. — 1540. Virgile, I, 26 d.

Suivamment. — 1554. Le Caron, 39ᵇ. — 1611. Cotgrave.

Summairement. — Le Maire, IV, 263. — 1540. Amadis, I, 35.

Summierement. — (1524), daus Montaiglon-Rothschild, XI,
133.

Sumptueusement. — Le Maire, IV, 190. — 1555. Billon, 52b.

Superabondamment. — 1584. G. Meurier.

SUPERbement [xvie s. Amyot]. — Rabelais, II, 9. — (1544).
Delie, 172. — 1550. Ch. de S. Marthe, dans Heptameron, I,
60. — Amyot, I, II. — 1586. Lambert, 29. — 1599. Lasphrise,
51.

Superficiairement. — Papon, I, 76.

Superficiellement [1314]. — Amyot, II. — Montaigne, II, 58.
— 1589. S. Goulart, dans Du Bartas, 36.

Superfluement. — 1551. Leon Hebrieu, I, 35. — 1557. Tyard,
49. — 1565. Calepinus, 1063. — Papon, I, 107.

Superflument. — 1554. Le Blanc, 5b.

Superhabundamment. — 1530. Palsgrave, 852.

SUPERLATIVEMENT [1564. J. Thierry. *Dict. franç.-lat.*]. — 1549.
R. Estienne, 595. — 1611. Cotgrave.

Supernaturellement. — 15.. G. Michel. *Apuleius,* 120b. — 1549.
R. Estienne, 595. — Amyot, I. — 1578. Cl. Odde de Triors.
— 1611. Cotgrave.

Supernellement. — 1540. Virgile, I, 17 a. — 1549. R. Estienne,
595. — 1611. Cotgrave.

Supersticieusement. — 1549. Macault, 312. — 1557. Tyard, 56.

SUPERSTITIEUSEMENT [1549. R. Estienne]. — 1546. R. Estienne,
1226. — 1551. Leon Hebrieu, I, 180. — 1576. Belle-Forest.
Polydore Vergile, 492. — Montaigne, III, 348.

Surabondamment [Vers 1350]. — 1584. G. Meurier.

SURNATUREL*lement* [xvie s. P. de Brach]. — 1554. Le Caron,
25. — P. de Brach.

Sustentialement. — 1527. Seneque, m 5b.

Sutilement. — 1557. Tyard, 85.

Suyvamment. — 1532, dans Montaiglon, VIII, 237. — 1585.
Thevenin, dans Du Bartas, 61.

Symmetriquement [1530. G. Tory]. — 1529. G. Tory. *Champ
fleury,* 1.

SYNCEREMENT. — (1549). Le Maire, IV, 9. — Papon, II, 449.

Tacitement [xve-xvie s. O. de S. Gelays]. — Rabelais, II, 46.
— Le Maire, I, 178. — 1531. Le Peregrin, 82b. — (1544).
Delie, 269. — 1557. Bugnyon, 47. — Amyot, II. — Mon-
taigne, I, 114.

Taciturnement. — Le Maire, I, 201, 258.

Taisément. — 1553. Des Autelz, B 6ᵇ. — 1557. Tyard, 16.

Taisiblement. — 1531. Le Peregrin, 27. — 1554. Le Caron, 82ᵇ. — J. de La Peruse, 69. — Papon, I, 78.

Tardement. — 1611. Cotgrave.

Tardivement [xɪɪᵉ-xɪɪɪᵉ s.]. — 1538. R. Estienne, 700. — 1551. L. Le Roy. *Timee*, 41. — Amyot, II.

Taxativement. — Papon, I, 199.

Telement [xɪɪɪᵉ s.]. — 1540. Amadis, I, 1ᵇ.

Tellement. — Rabelais, I, 220. — Marot, I, 85. — 1540. Amadis, I, 8. — Amyot, II.

Temerairement [xvᵉ-xvɪᵉ s. J. Le Maire]. — Rabelais, II, 309. — Le Maire, I, 211. — Marot, IV, 97. — 1531. Le Peregrin, 64ᵇ. — 1541. Amadis, II, 21. — Amyot, I, II. — Papon, II, 101. — Montaigne, I, 223.

Temerement. — 1554. Le Caron, ã 2ᵇ.

Temperamment. — 1531. Le Peregrin, 4. — 1549. B. Aneau. *Emblemes d'Alciat*, 121.

Temperantement. — 1540. Virgile, I, 31 c.

Tempereement. — 1505. Platine, 55ᵇ. — 1538. R. Estienne, 701.

Temperement. — Rabelais, II, 151. — 1537. A. Du Saix, C 3ᵇ. — 1538. R. Estienne, 456. — 1551. Leon Hebrieu, 23. — 1555. Anonyme, dans Fontaine, s 8. — 1565. Horloge des Princes, 131. — 1570. Cité de Dieu, II, 43 a.

Temperemment. — Rabelais, I, 513 (éd. Janet).

Tempestativement. — 1584. G. Meurier. — 1611. Cotgrave.

Tempestivement. — Papon, II, 253. — 1584. G. Meurier.

Tempestueusement. — 1531. Le Peregrin, 107.

Temporellement [xɪɪɪᵉ s.]. — 152.. Le Livre de la Femme Forte, h 7ᵇ. — Marguerites, I, 74. — Amyot, II. — Papon, I, 44.

Tenacement. — 1557. Bugnyon, 42.

Tenamment. — (1544). Delie, 428. — 1557. Tyard, 16.

Tendrelettement. — 1554. Tahureau, I, 81.

Tendrement [xɪɪᵉ s.]. — 1540. Amadis, I, 23. — 1554. Tahureau, I, 61. — Amyot, I. — Papon, II, 443. — Montaigne, II, 139.

Tendrettement. — 1554. Tahureau, II, 71.

Tᴇɴᴇʙʀᴇᴜ*sement* [xvɪɪᵉ-xvɪɪɪᵉ s.]. — Pontus de Tyard, 149.

Tenuement. — 1611. Cotgrave.

Tenurement. — 1538. R. Estienne, 706. — 1611. Cotgrave.

Terrestrement. — 1533. Des Autelz, C 7.

7

Terriblement [xive s.]. — Rabelais, I, 212 (éd. Janet). — Le
　　Maire, I, 33, 313. — 1554. Tahureau, II, 60. — Amyot, II.
Terrificquement. — Rabelais, II, 476.
Tesiblemant = Taisiblement. — 1554. Peletier. *Algebre*, 173.
Testyfvement. — 1530. Palsgrave, 841.
Tetriquement. — 1584. G. Meurier.
Textuellement [xve s.]. — Papon, I, 77.
Theologalement. — Rabelais, I, 367. — 1611. Cotgrave.
Theologiquement [1680]. — 1589. S. Goulart, dans Du Bartas,
　　89.
Theoriquement [1557].
Tiedement [1577]. — Baïf, II, 181. — Belleau. — 1589. Du Bar-
　　tas, 347.
Tiercemant. — 1554. Peletier. *Aritmetique*, 202.
Tiercement. — Rabelais, I, 60. — Le Maire, III, 282. —
　　Amyot, II. — Papon, I, 27. — 1577. Bolsec, 48. — 1585.
　　P. Le Gaygnard, F 2.
Timidement [1549. R. Estienne]. — 1611. Cotgrave.
Tiranniquement. — 1585. P. Le Gaygnard, 209.
Tolerablement [1549. R. Estienne]. — 1611. Cotgrave.
Tonnerreusement. — Du Bartas, dans Pellissier, 165.
Torçonnierement. — Le Maire, I, 15.
Tortement. — 1553. Ronsard. — 1611. Cotgrave.
Tortionnairement. — Papon, II, 744. — 1611. Cotgrave.
Tortuement. — 1538. R. Estienne, 297. — 1565. Calepinus,
　　423. — 1611. Cotgrave.
Tortueusement [xive s.]. — 152.. Le Livre de la Femme Forte,
　　c 5. — 1531. Le Peregrin, 131. — 1568. Breslay, dans Du
　　Verdier, V, 249.
Tortument. — Belleau.
Totalement. Totallement [xive s.]. — Rabelais, I, 84, 253. —
　　Le Maire, I, 46, 149. — Marot, I, 238; III, 211. — Amyot,
　　II. — Papon, I, 153. — Montaigne, II, 130.
Toutellement. — 1537. A. Du Saix, H 8.
Tout-puissamment. — 1584. G. Meurier.
Tragiquement [1549. R. Estienne]. — 1554. Amadis, XI, ã 4b.
Trahistreusement. — 1548. Amadis, VIII, 130b.
Traistrement. — 1554. Le Caron, 173. — 1554. Magny. Gaye-
　　tez. — Baïf, II, 111. — Papon, III, 23.
Traitablement. — 1554. Le Caron, 10b.
? *Traiteusement*. — Pontus de Tyard, 114.

Traitrement. — P. de Brach.

Traistreusement. — 1576. Belle-Forest. *Polydore Vergile,* 336.
— 1599. Lasphrise, 569.

Traiteusement [xiiie-xive s.]. — 1554. Le Caron, 79b.

Tranquillement [1549. R. Estienne]. — Le Maire, IV, 184. —
1546. R. Estienne, 1276. — 1551. L. Le Roy. *Timee,* 47. —
Amyot, II. — Montaigne, IV, 123.

Transitoirement [Néologisme]. — 1530. Seyssel. *Diodore,* 1b.

Transparentement. — 1589. Du Bartas, 560.

Transversalement [xvie s. Paré].

Trasoniquement. — 1566. Terence, 91.

Traystreusement. Traytreusement. — Le Maire, I, 92. — 1531.
Le Peregrin, 135. — 1574. Belle-Forest, 70.

Treziememant. — 1554. Peletier. *Aritmetique,* 205.

Tribunéement. — 1554. Le Caron, 99.

Triomphamment. — Le Maire, I, 333. — 1547. Marguerites,
II, 50. — 1573. Du Preau, 189.

Trionfamment. — 1554. Le Caron, 166.

Triplement [xvie s. Paré]. — 1551. Le Roy. *Timee,* 105b. —
Amyot, II. — 1585. Du Bartas, 175.

Tristement [xiiie s.]. — Le Maire, II, 339. — Marot, II, 268. —
Montaigne, I, 200.

Triumphamment. — Marot, I, 143. — 1525, dans Montaiglon-
Rothschild, XIII, 80. — (1547). Marguerites, II, 226.

Triumphantement. — 15.. G. Michel. *Apuleius,* 12. — 153..
Helisenne de Crenne. FF 8b. — 1540. Virgile, I, 15b.

Trivialement [1680]. — 1584. G. Meurier.

Troisiesmement. — Somme des pechez, 10.

Trompeusement. — 1554. Magny. *Gayetez.* — Pontus de Tyard,
146. — P. de Brach.

Tronquément. — 1611. Cotgrave.

Tropologiquement. — 1557. Tyard, 76.

Troublement. — 1554. Le Caron, 86b. — Amyot, II, 367.

Truculentement. — 1584. G. Meurier.

Tudesquement. — 1584. G. Meurier.

Tumultuairement [xvie s. Amyot]. — Papon, I, C. — Montaigne, I, 438.

Tumultuerement. — 8 août 1553. A. de Thou, dans Heptameron, I, 167.

Tumultueusement [xive s.]. — Le Maire, II, 105. — 1546.
R. Estienne, 1289. — 1565. Calepinus, 810.

Turbulement. — 1570. Cité de Dieu, II, 42 b.

Tusquement. — Ronsard.

Tyrannicquement. — Rabelais, I, 184.

Tyranniquement [xve s.]. — Le Maire, II, 408 ; III, 270. — 1555. Billon, 85b. — Montaigne, II, 77.

Tyronicquement. — 1584. G. Meurier.

Vacilamment. — (1544). Delie, 204.

Vaguement [xvie s. R. Belleau].

Vagueusement. — Du Bartas, dans Pellissier, 165.

Vaillamment [xiiie-xive s.]. — Rabelais, I, 108. — Le Maire, III, 153. — 1540. Amadis, I, 31. — Montaigne, IV, 173.

Vainement [xiie s.]. — 1554. Le Caron, 167b. — Amyot, II. — Papon, II, 89. — Montaigne, IV, 42.

Valablement [xiie-xiiie s.]. — Papon, I, 61.

Valeureusement. — 1548. Amadis, VIII, 51. — Montaigne, II, 97.

Valleureusement [xve s.]. — 1540. Amadis, I, 51.

Vallidement [xvie s. L. Guyon]. — 1531. Le Peregrin, 96b.

Variablement. — Le Maire, I, 149. — 1531. Le Peregrin, 189b. — Papon, II, 66.

Vegetativement. — 1585. Thevenin, dans Du Bartas, 287.

Vehementement [1363]. — Rabelais, II, 278. — 15.. G. Michel. Apuleius, 40. — Le Maire, IV, 31. — 1550. L'Orloge des Princes, 45b. — Papon, II, 89. — 1588. Vigenere, TT 1b.

Venalement [1552. Ch. Estienne]. — 1611. Cotgrave.

Venerablement. — Montaigne, I, 441.

Venielement. Veniellement [1383]. — 1516. Toison d'or, II, 222 a. — 1570. Cité de Dieu, II, 38b. — Somme des pechez, 55.

Venimeusement. — 1554. Tahureau, I, 39. — 1587. Fonteny, 7b.

Venustement. — 1584. G. Meurier.

Verament = Vrayement. — Papon, III, 23.

Verbalement [1337]. — 1567. Ph. De l'Orme, 195. — Papon, I, 396.

Verdement. — Rabelais, I, 89. — 1583. Virgile, 48.

Verecondement. — Papon, II, 148.

Verecundieuement. — 1540. Virgile, 28b.

Vergongneusement. — 1531. Le Peregrin, 129. — 1554. Ronsard.

Vergonneusement. — (1530). Palsgrave, 840.

Veritablement [xiie s.]. — Rabelais, I, 171. — Le Maire, II, 59. — Marot, IV, 96. — Amyot, I, II. — Papon, I, 205. — Montaigne, I, 115.

Vermeillement. — Pontus de Tyard, 127, 152. — 1557. Bugnyon, 59. — 1599. Lasphrise, 288.

Vertement [1611. Cotgrave]. — Rabelais, I, 304. — 1532. A. Du Saix, O 3. — 1540. Amadis, I, 47[b]. — 1585. Du Bartas, 119. — Brantôme, X, 419.

Vertuellement = Virtuellement. — 1551. Leon Hebrieu (*trad.* Du Parc). — Somme des Pechez, 551.

Vertueusement [xi[e] s.]. — Rabelais, I, 146. — Le Maire, II, 106. — Marot, II, 228. — Amyot, II. — Montaigne, IV, 135.

Vervement. — Ronsard.

Viagerement [1459]. — 1611. Cotgrave.

Viceversement. — Rabelais, I, 243.

Vicieusement [xive s.]. — Papon, II, 355. — 1570. Cité de Dieu, II, 23 a. — Montaigne, IV, 270.

Victorieusement [xive s.]. — Le Maire, I, 267. — 1531. Le Peregrin, 167.

Vieillement [xiv[e]-xv[e] s.]. — 1611. Cotgrave.

Viergeallement. — Ronsard.

Viergement. — 1599. Lasphrise, 349.

Vifvement. — Rabelais, I, 527 (éd. Janet). — 1540. Amadis, I, 6. — Amyot, II. — Montaigne, III, 141.

Vigilamment [1552. Ch. Estienne]. — 1537. A. Du Saix, C 3[b]. — 1546. R. Estienne, 1332. — Ronsard.

Vigoureusement. Vigoureusement [xii[e] s.]. Le Maire, I, 247. — Marot, II, 231. — Montaigne, I, 107.

Vilainement [xii[e] s.]. — Le Maire, III, 273. — Montaigne, II, 62. — 1599. Lasphrise, 580.

Vilement [xii[e] s.]. — 1553. Magny. — 1554. Le Caron, 28. — Pontus de Tyard, 148.

Villainement. — Rabelais, I, 99. — 1527. Seneque, m 8[b]. — Amyot, I, II.

Villement. — 1587. Fonteny, 19.

Vindicativement [Néologisme]. — Amyot, II.

Violemment. — 1551. L. Le Roy. *Timee*, 77[b]. — 1574. Belle-Forest, 328.

Violentement [xiv[e] s.]. — Rabelais, II, 223. — Le Maire, I, 320. — 1540. Virgile, 25[b]. — (1544). Delie, 17. — 1545. A. Pierre, 179[b]. — Papon, II, 72.

Virginalement [xv[e] s.]. — 1584. G. Meurier.

Virilement [xv[e] s.]. — Rabelais, I, 269. — 1531. Le Peregrin, 112[b]. — 1537. A. Du Saix, G3. — 1540. Amadis, I, ã4. — 1557. Bugnyon, 88. — Papon, II, 315. — Montaigne, III, 82.

Virillement. — 1555. Billon, 138ᵇ. — 1587. Olenix du Mont-Sacré, 65.

Virtuellement. — 1527. Seneque, q 2ᵇ. — Somme des pechez, 3o.

Visceralement. — 1584. G. Meurier.

Visiblement [xiiiᵉ s.]. — Rabelais, I, 228. — Le Maire, II, 220. — Marot, III, 191.

Vistement [xiiᵉ-xiiiᵉ s.]. — (1525). Marot, I, 155. — 1531. Le Peregrin, 99ᵇ. — 1550. Amadis, I, 36ᵇ. — Amyot, II. — 1585. Du Bartas, 389.

Vitalement. — 1565. Calepinus, 1165.

Vitieusement. — Montaigne, IV, 109.

Vittement. — 1565. Calepinus, 917.

Vituperablement. — 1584. G. Meurier.

Vitupereusement. — 1530. Seyssel. *Diodore*, 98.

Vivement [xiiᵉ s.]. — Rabelais, II, 165. — (1520). Marot, II, 70. — 1540. Amadis, I, 17ᵇ. — Amyot, I. — Papon, I, 110. — Montaigne, I, 108.

Ulterieurement [1584].

Ultimement. — 1584. G. Meurier.

Unanimement [1512]. — Le Maire, II, 314. — Papon, I, 82.

Unicquement. — Rabelais, II, 17.

Uniement. — Amyot, II.

Uniformellement. — Papon, I, 5.

Uniformément [1530. G. Tory]. — 1551. Leon Hebrieu, I, 164. — Papon, I, 64. — Montaigne, III, 279.

Uniment [xiiᵉ s.]. — 1571. G. Le Fevre, *Encyclie*, 77. — Montaigne, I, 236.

Uniquement [xvᵉ-xviᵉ s. J. d'Authon]. — Marot, IV, 94. — 1551. Leon Hebrieu, I, 197.

Uni-sonneuʒement. — 1585. P. Le Gaynard, F 3ᵇ.

Universelement [1314]. — Marot, I, 80. — 1551. L. Le Roy. *Timee*, 19ᵇ.

Universellement. — Rabelais, II, 57. — Le Maire, II, 67. — Marot, III, 215. — Amyot, I, II. — Papon, I, 204. — Montaigne, I, 123.

Unyment. — 1546. Ch. Estienne. *Dissection*, 154.

Vocalement. — 1531. Le Peregrin, 137ᵇ. — 1584. G. Meurier.

Voirement. — 1527. Seneque b 3. — Le Maire, II, 401. — Ronsard. — Amyot, II. — Montaigne, I, 177.

Volagement. — 1554. Le Caron, 85ᵇ. — P. de Brach.

Volontairement [xivᵉ s.]. — Amyot, I, II. — 1574. Belle-Forest, 55. — Papon, II, 104. — Montaigne, I, 154.

Volontierement. — Brantôme, X, 129.
Voluntairement. — Le Maire, I, 317. — 1542. Amadis, III,
  61b. — (1555). Vauquelin de la Fresnaye, 49.
Voluntierement. — (1550). Ch. de S. Marthe, dans Heptame-
  ron, I, 29.
Voluntueuʒement. — 1585. P. Le Gaynard, 2:0.
Voluptueusement [1549. R. Estienne]. — 1554. Le Caron, 60b.
  — Montaigne, IV, 279.
Voulentairement. — 1545. A. Pierre, 161. — 1531. Le Peregrin.
Voyrement. — Marot, II, 78.
Vraiement [xiie s.]. — Marot, I, 88.
Vraiment. — Marot, I, 243. — 1542. Amadis, III, 5b.
Vrayement. — Rabelais, I, 29. — Le Maire, III, 285. — Marot,
  I, 26. — 1540. Amadis, I, 2. — Montaigne, III, 120.
Vraysemblablement [xive-xve s.]. — Papon, I, 68. — Mon-
  taigne, I, 113.
Urgemment. — (1547). Peletier, 24. — 1552. Amadis, X, 13.
Usitement. — 1554. Le Caron, 38.
Usurpément. — 1599. Lasphrise, 567.
Utilement [1539. R. Estienne]. — Marot, I, 79. — Amyot, II.
  — Montaigne, I, 45.
Uʒurerement. — 1585. P. Le Gaygnard, H 2.
Vulgairement [1446]. — Le Maire, I, 56. — Marot, III, 154.
  — 1527. Seneque, c 8b. — 1554. Le Caron, 55.
Vulguairement. — Rabelais, II, 178.
Vulguerement. — 1554. Peletier. *Aritmetique,* 13.
Ymaginellement. — 1527. Seneque, q 2b.
Ypostaticquement. — 1509. Martial d'Auverʒne, m 9.
Yreusement = Ireusement. — Dans E. Langlois. Recueil
  d'Arts de Seconde Rhétorique (1902), p. 35.
Yroniquement. — 1584. G. Meurier.
Zeuxinement. — 1584. Du Monin. *Uranologie,* 200b.
Zucaréement = Sucréement. — Dans E. Langlois, p. 36.

Des lectures faites au cours de l'impression ont permis
de trouver quelques adverbes qui ne figurent pas dans les
pages qui précèdent, ainsi que des emplois plus anciens
d'adverbes déjà cités et mis entre (   ).

Abortivement. — (1544). Delie, 137.
Abundamment. — 1531. Le Peregrin, 190b.

(Abusivement). — 1551. Des Autelz, 42.

(Accessoirement). — Papon, I, 76.

(Accidentalement). — 1547. D. Finarensis, dans Du Verdier, III, 447.

(Accidentellement). — Amyot, I.

(Accommodeement). — 1531. Le Peregrin, 63b.

Accommodement. — 1531. Le Peregrin, 95.

Accumulement. — 1531. Le Peregrin, 190b.

Accusatoirement. — 1533. *Grand Almageste*, 2.

Adextrement. — 1584. Du Monin. *Uranologie*, 13b.

Admirément. — 1554. *La poésie* de Loys Le Caron, 47.

(Advenamment). — 1584. G. Meurier.

Advisément. — 1544. *Roland Furieux*, 243b. — 1599. Lasphrise, 271.

Aeriennement. — 1557. Pontus de Tyard, 144.

Afeccionnément. — 1556. La Boutiere. *Suetone*, 32.

Affectement. — (1555). J. Pelletier, dans Du Verdier, IV, 297.

Aiguement. — (1544). Delie, 24.

Allegoriquement. — (1512). Dans Œuvres poétiques de G. Alexis (1896), I, 281. — 152.. Le Livre de la Femme Forte, K 3. — 1551. Leon Hebrieu, I, 211. — 1555. Billon, 255.

Altetiquement. — 1584. G. Meurier.

Amairement. — 1537. A. Du Saix, G 3b.

(Ambicieusement). — 1555. Billon, 196b.

Amenement. — 1584. G. Meurier.

AMPHIBOLOGI*quement* [1690]. — 1551. Des Autelz. *Replique [à Meigret]*, 51. — 1584. G. Meurier.

Angeliquement. — 152.. Le Livre de la Femme Forte, Q6b. — 1548. P. Le Febure, 106.

Angoissement. — 1532. Recueil des hystoires Troyennes, T 1.

(Angoisseusement). — 152.. Le Livre de la Femme Forte, k 3. — 1532. Hystoires Troyennes, V, 1. — 1544. *Roland Furieux*, 167b.

Angustement. — 1584. G. Meurier.

(Animeusement). — 1599. La Popeliniere, a 30.

Antartiquement. — 1557. Pontus de Tyard, 29.

(Apparemment). — 1557. Pontus de Tyard, 156.

(Apparentement). — 1548. P. Le Febure, 57b.

(Ardentement). — 1531. Le Peregrin, 78.

Argutement. — 1584. G. Meurier.

Armonicquement. — (1512). Dans Œuvres poétiques de G. Alexis (1896), I, 277.

Arrogantement. — 15.. G. Michel. *Apuleius,* 48b. — 1578. G. Le Fevre, 127.

(Artificiellement). — 1538. R. Estienne, 68. — 1541. Macault. Diodore, 19b. — 1546. Ch. Estienne. *Dissection,* 19.

(Artificieusement). — 1531. Le Peregrin, 20b, 72. — 1555. Billon, 54.

(Artistement). — 1547. Vitruve, 135.

Assembleement. — 1534. Thucydide, 1 b.

Assemblement. — 1537. A. Du Saix, H 2. — 1539. G. Michel. *Josephus,* 70.

(Assiduellement.). — 1556. La Boutiere. *Suetone,* 338.

Attrayemment. — 1599. Lasphrise, 495.

(Attrempément). — 1538. R. Estienne, 75.

(Avarement). — 1548. P. Le Febure, 191b.

(Avaricieusement). — (1530). Palsgrave, 836. — 1555. Billon, 88b. — 1565. Calepinus, 119.

(Avaritieusement). — 1546. R. Estienne, 1160. — 1611. Cotgrave.

Augustement. — 1584. G. Meurier.

Aviseement. — (1530). Palsgrave, 832. — 1565. Calepinus, 800.

(*Avisément*). — 1557. Pontus de Tyard, 133.

Auriculairement. — 1584. G. Meurier.

Autentiquement. — 1584 [Auger]. *Metanoeologie,* ē.

(Aygrement). — 1531. Le Peregrin, 185b. — 1555. Billon, 174b.

Bacanalement. — 1584. G. Meurier.

Begayemment. — 1599. Lasphrise, 271.

(Belliqueusement). — 1548. P. Le Febure, 192. — 1565. Calepinus, 131.

(*Biaizement*). — 1582. Du Monin, 37.

Bienheureusement. — 1565. Calepinus, 130.

Bisarrement. — 1599. Lasphrise, 532.

(*Bonnairement*). — 1584. G. Meurier.

(*Bucolicquement*). — 1584. G. Meurier.

(Cacheement). — 1548. B. Aneau. *Platine,* 224.

(Calamiteusement). — 1576. Belle-Forest. *Polydore Vergile,* 565.

Calumnieusement. — 1537. A. Du Saix, E 4. — 1551. Des Autelz, 23.

Camenusement. — 1540. Virgile, I, 31 d.

(Canoniquement). — 1573. Du Preau, 302.

Celebrantement. — 1540. Virgile, I, 31 d.

Celebrement. — 1596. L. Papon, *dans* O. C. Reure. *Notice sur les Emblèmes de A. d'Urfé* (1904), 25.
(Celement). — (1544). Delie, 86.
Celibement. — 1523. La Parthenice Mariane, 23b.
Celiquement. — 1540. Virgile, I, 31 c.
Cerclairement. — 1551. Du Parc, 133.
Ceremonieusement. — 1546. Amadis, VII, 123.
(*Cerimonieusement*). — 1584. G. Meurier.
Cesarement. — 1584. G. Meurier.
Cessement. — 1537. A. Du Saix, G 8.
(*Chagrinement*). — 1565. Calepinus, 683b.
(Charitablement). — 152.. Le Livre de la Femme Forte, b 8b. — 1573. Du Preau, 73.
(Chatemitiquement). — (1566). H. Estienne. *Apologie pour Herodote.* II, 291.
(Chetivement). — Baïf, II, 115.
(*Cinicquement*). — 1584. G. Meurier, E 2 a.
(CLANDESTINEMENT). — 1534. Psaumes, 200b.
(Clericalement). — 1517. Dans Godefroy, *Suppl.*
Collegialement. — 1527. Dans Godefroy, *Suppl.*
(COMMODEMENT). — 1531. Le Peregrin, 183b.
Commodieusement. — 1584. G. Meurier.
Comparativement. — 1523. La Parthenice Mariane, 85b. — 1556. Dans Godefroy, *Suppl.*
(COMMUNEMENT). — 1523. La Parthenice Mariane, 44.
(Compendieusement). — 1540. Virgile, I, 63 a.
Composement. — 1531. Le Peregrin, 86. — 1542. Canappe. *Guidon,* 52b.
Compostement. — 1542. Canappe. *Guidon,* 53b.
Compressement. — 1584. G. Meurier.
Concynement. — 1531. Le Peregrin, 69.
(Conditionnellement). — Papon, III, 309.
Confidentement. — 1531. Le Peregrin, 140b.
(Conformement). — (153.). Sagon, dans Marot (1731), VI, 33. — 1555. Billon, 132.
Confusiblement. — 1516. Toison d'or, II, 222b. — 152.. Le Livre de la Femme Forte, G 3. — 1548. P. Le Febure, 107.
Conglutineusement. — 1540. Virgile, 578b.
(Congruement). — 1584. G. Meurier.
(Conjoinctement). — 1538. R. Estienne, 153. — 1540. Virgile, I, 19 d.

Connoissablement. — 1557. Pontus de Tyard, 35.

Consequentement. — 1529. G. Tory. *Champ fleury*, 22[b], 73[b].
— 1530. Palsgrave, 834. — 1540, Virgile, I, 58 a.

Considerement. — 1531. Le Peregrin, 50.

Consolement. — 1531. Le Peregrin, 207.

(Constantement). — 1531. Le Peregrin, 66.

Consulement. — 1531. Le Peregrin, 48[b].

Consyderement. — 1538. R. Estienne, 163.

Contagieusement. — 1583. Virgile, 72[b].

Contemplativement. — 1523. La Parthenice Mariane, 47.

Continément. — 1573. Du Preau, 375.

Continentement. — 15.. *Ciceron, Des offices*, 50.

Contingemment. — 15.. Le grant Vita Xri, III, 97 d. — 1547.
D. Firarensis, dans Du Verdier, III, 446.

(Continuement). — 1547. R. Le Blanc. *Hésiode*, 36.

CONTRADICTOI*rement* [1617]. — 1591, dans J. Baudrier. *Bibliographie Lyonnaise*, IV, 96.

Contrainctement. — 1611. Cotgrave.

Contrarieusement. — 1544. *Roland Furieux*, 46.

(Contumelieusement). — 1546. Collin. *Herodian*, 56. — 1546.
R. Estienne, 301. — 1549. Macault, 295.

Convenamment. — 1551. Leon Hebrieu, II, 370.

Convenientement. — 1540. Virgile, I, 23 c.

Convertement. — 1529. G. Tory. *Champ fleury*, 7[b].

Correspondemment. — 1548. P. Le Febure, 19.

Cortoisement. — 1565. Calepinus, 738.

(Couardement). — 1538. R. Estienne, 338.

Couardeusement. — 1573. Du Preau, 223.

Coulamment. — 1599. Lasphrise, 628.

COUPABLEMENT [Néologisme]. — Baïf, II, 179.

(Courtement). — 1531. Miroir hystorial, I, 7 c.

Coustumement. — 1529. G. Tory. *Champ fleury*, 15. — 1537.
A. Du Saix, H 4[b].

(Coustumierement). — 1551. Leon Hebrieu, I, 120.

Craintifvement. — 1537. A. Du Saix, F 6.

Credulement. — (1544). Delie, 222.

(*Croaiblement*). — 1585. P. Le Gaygnard, 202.

(Croyablement). — 1546. R. Estienne, 316. — 1557. Pontus de
Tyard, 88. — 1584. G. Meurier.

Cruciellement. — 1531. Le Peregrin, 173.

Crueusement. — 152.. Le Livre de la Femme Forte, k 2[b].

Crumenelement. — 1584. G. Meurier.
Curialement. — 1584. G. Meurier.
Curiellement. — 15... Le grant Vita Xri, II, 1ª.
(Debilement). — 1531. Le Peregrin, 142b.
DECEMMENT. — 1523. La Parthenice Mariane, 47b.
(Decentement). — 1548. P. Le Febure, 72, 186b. — 1553. R. Le Blanc, h 4b. — 1584. G. Meurier.
(Deliberement). — 152.. Le Livre de la Femme Forte, X 6b.
(Demesurement). — 1554. Amadis, XI, 101b.
Demeurement. — 1530. Palsgrave, 841.
(Demonstrativement). — 1531. Le Peregrin, 93.
Desastrément. — 1548. Amadis, VIII, 76. — 1584. G. Meurier.
(Desdaigneusement). — 1549. Macault, 72.
Desguiseement. — 1532. Recueil des hystoires Troyennes, T 6b.
Deshonteement. Deshonteusement. — 1556. Rochemore (Guevare). *Favori de Court,* 130, 188.
Desidereement. — 1531. Le Peregrin, 163b.
Desirablement. — 1565. Calepinus, 748.
Desirement. — 1531. Le Peregrin, 12b.
Desireuʒement. — 1585. P. Le Gaygnard, G 4.
Desloyalement. — 1584. G. Meurier.
Desnaturément. — 1557. Tyard, 106.
Desobeissemment. — 1570. Cité de Dieu, II, 41b.
Desolablement. — 1565. Calepinus, 547.
Desoleement. — 1538. R. Estienne, 380.
(Desordonnement). — 152.. Le Livre de la Femme Forte, S 6. — 1549. Macault, 323.
Despitement. — 1583. Belleforest-Bandello, VI, 177.
(Despiteusement). — 1531. Le Peregrin, 178b. — 1550. Roland l'Amoureux. III, 14.
Desreglement. — 1549. Macault, 313.
Desriseusement. — 1540. Virgile, 23 d.
Destinement. — 1584. *Horace. Odes,* 59. — 1585. P. Le Gaygnard, F 4.
(Determinement). — 1531. Le Peregrin, 37b.
Detracteusement. — 1557. Rochemore (Guevare). *Favori de Court,* 20b.
(Devotieusement). — 1551. Leon Hebrieu, I, 105. — 1573. Du Preau, 217.
Diableusement. — 1548. Amadis, VIII, 71. — 1584. G. Meurier.
(Diaboliquement). — 1555. Billon, 46. — 1584. G. Meurier.

(Dialectiquement). — 1584. G. Meurier. — 1585. P. Le Gaygnard, 209.

Difformement. — 1584. G. Meurier.

Diformement. — 1556. La Boutiere. *Suetone*, 59.

(Diligentement). — 1529. G. Tory. *Champ fleury*, 4[b]. — 1531. Le Peregrin, 110. — 1584. G. Meurier.

(Discrettement). — 1531. Le Peregrin, 6. — 1557. Pontus de Tyard, 66.

Dispositivement.— 1547. D. Finarensis, dans Du Verdier, III, 446.

(*Dispostement*). — 1555. Billon, 86[b].

Disproportionnément. — 1599. La Popeliniere, a 409.

(*Dissimuléement*). — 1584. G. Meurier.

(Distributi*vement*). — 1551. Du Parc, 71.

(Divisément). — 1538. R. Estienne, 226. — 1547. Le Blanc. *Hesiode*, 42. — 1584. G. Meurier.

(Doctement). — (1544). Delie, 277.

(Doctrinalement). — 1582. Benoist. *Traité de cogitation*, 91.

Doillettement. — 1553. F. Charbonnier, dans Amadis, IX, ã 4.

Dolemment. — 1599. Lasphrise, 515.

(Domestiquement). — 1531. Le Peregrin, 200. — 1541. Macault, 31. — 1584. G. Meurier.

Dominicalement. — 1584. G. Meurier.

(Dommageablement). — 1546. R. Estienne, 335. — 1557. Pontus de Tyard, 85. — 1584. G. Meurier.

(Douloureusement). — 1531. Le Peregrin, 186. — 1538. R. Estienne, 229.

(Droitement). — 1551. Leon Hebrieu, I, 101.

Drument. — 1585. P. Le Gaygnard, G 5[b].

Ebouffément. — 157., dans E. Fremy. *L'Académie des derniers Valois*, 249.

(Effectuellement). — 1531. Le Peregrin, 131. — 1551. Leon Hebrieu, I, 286. — 1551. L. Le Roy. *Timee*, 58[b]. — 1555. Billon, 108[b].

Efferrement. — 1531. Le Peregrin, 204[b].

(Efficacieusement). — 1531. Le Peregrin, 95. — 1531. Le Miroir hystorial, IV, 179 d.

Efficassement. — 1594. Coyssard, 173.

(*Effondement*). — 1584. G. Meurier.

(*Effrayablement*). — 1584. G. Meurier.

(Effrontement). — 1537. A. Du Saix, H 4.

Egrement. — 1553. R. Le Blanc, y 2.
Elongnément. — 1554. Le Caron, A 4.
Enixement. — Papon, I, 754.
Enormeement. — 1546. Collin. *Herodian,* 52.
(Enormement). — 152.. Le Livre de la Femme Forte, C 6ᵇ.
(*Enragéement*). — 1584. G. Meurier.
(*Enrouément*). — 1584. G. Meurier.
Ensembleement. — 1538. R. Estienne, 146.
(Entendiblement). — 1531. Miroir hystorial, I, 3ᵇ. — 1584.
  G. Meurier.
Entrechangeement. — 1538. Bocace. *Des nobles maleureux,* 8 a.
Envelopément. — 1538. R. Estienne, 166.
Epulentement. — 1505. Platine, 92 c.
Equalement. — 1531. Le Peregrin, 4.
Equidistanment. (Equidistamment). — 1529. G. Tory. *Champ
  fleury,* 17ᵇ, 65ᵇ.
Equivocquement. — 1542. Canappe. *Guidon,* 56.
(Escharcement). — 1531. Le Peregrin, 4ᵇ.
Esblouissamment. — (1544). Delie, 105, 269.
(Espaissement). — 1544. *Roland Furieux,* 187ᵇ.
Espirituellement. — 1510. Corbichon, b 3ᵇ.
Essentialement. — 1542. J. Canappe. *Guidon,* 52ᵇ. — 1551.
  Leon Hebrieu, I, 71.
(Eureusement). — 1553. R. Le Blanc, 9².
(Evidentement). — 152.. Le Livre de la Femme Forte, kᵇ. —
  1584. G. Meurier.
(Excellemment). — 1523. La Parthenice Mariane, 67ᵇ.
(Excellentement). — 1523. La Parthenice Mariane, 86ᵇ.
(Excessivement). — 1531. Le Peregrin, 64.
(Execrablement). — 1531. Le Peregrin, 173ᵇ, — 153.. Helisenne
  de Crenne, HH 2.
(Exemplairement). — 1548. P. Le Febure, 121ᵇ. — 1551. Leon
  Hebrieu, I, 75.
Expertement. — 1531. Le Peregrin, 46ᵇ.
(Exquisement). — 1554. Amadis, XI, 66.
Extemporaneeement. — 1576. Belleforest. *Polydore Vergile,* 585.
(*Extensivement*). — 1551. Leon Hebrieu (trad. Tyard), II, 200 ;
  (trad. D. Sauvage), 592.
(Exterieurement). — 1548. Amadis, VIII, 111ᵇ. — 1555. Billon,
  138.
(Exteriorement). — 152.. Le Livre de la Femme Forte, d 4ᵇ.

(Extrinsequement). — 1584. G. Meurier.
(Facetieusement). — 1584. G. Meurier.
(Facondement). — 1540. Virgile, I, 58 a. — 1516. R. Estienne, 505.
(Faintement). — 1538. R. Estienne, 278.
Faintivement. — 1539. Therence, 30ᵇ.
Fantasticquement. — 1556. Amadis, X, 86ᵇ.
(Faulcement). — 1531. Le Peregrin, 186.
Felicement. — 1531. Le Peregrin, 169ᵇ.
Fertillement. — 1565. Calepinus, 745.
Fervamment. — 1538. R. Estienne, 291.
Fervemment. — 152.. Le Livre de la Femme Forte, C 6ᵇ. — 1548. P. Le Febure, 166ᵇ.
(Ferventement). — 152.. Le Livre de la Femme Forte, K 8ᵇ. — 1555. Billon, 143.
(Fidelement). — 1531. Le Peregrin, 71.
Figurativement. — 1528. Gringoire. Chants royaulx, d 3ᵇ.
(Filialement). — 1531. Le Peregrin, 134ᵇ.
(Finalement). — 1551. Leon Hebrieu, I, 286.
(Fixement). — (1544). Delie, 416.
Flagramment. — 1584. G. Meurier.
(Flateusement). — 1546. R. Estienne, 116.
Flebilement. — 1584. G. Meurier.
Flebillement. — 1540. Virgile, I, 28 c.
Fondamment. — 1584. G. Meurier.
(Fondeement). — 1549. R. Estienne, 275. — 1584. G. Meurier.
(Formellement). — 152.. Le Livre de la Femme Forte, L 7ᵇ. — 1513. Le Peregrin, 66. — 1559. Leon Hebrieu, II, 112.
(Fortuitement). — 1551. Leon Hebrieu, I, 270. — 1551. L. Le Roy. *Timee*, 85. — 1584. G. Meurier.
Fortuneement. — 1538. R. Estienne, 649.
(*Fortunément*). — 1584. G. Meurier.
(*Fourchément*). — 1584. G. Meurier.
(*Fraudulentement*). — 1553. R. Le Blanc, 23. — 1584. G. Meurier.

Nogent-le-Rotrou, imprimerie Daupeley-Gouverneur.

9 782019 917821